MARCOS BUENO   LAIA LÓPEZ

TAYLOR SWIFT
Un diario swiftie

ALFAGUARA

Papel certificado por el Forest Stewardship Council®

Primera edición: abril de 2024

© 2024, Marcos Bueno, por el texto
Autor representado por IMC, Agencia Literaria, S.L.
© 2024, Laia López, por las ilustraciones
© 2024, Penguin Random House Grupo Editorial, S. A. U.
Travessera de Gràcia, 47-49. 08021 Barcelona
Diseño de cubierta: Penguin Random House Grupo Editorial / Ariadna Oliver Belmonte
Diseño de interiores: MMMM Studio

Printed in Spain – Impreso en España

ISBN: 978-84-19688-42-2
Depósito legal: B-1.844-2024

Compuesto en MMMM Studio
Impreso en Gráficas 94, S.L.
Sant Quirze del Vallès (Barcelona)

AL 8 8 4 2 2

Marcos

Este libro es por y para los swifties, y también
para todas aquellas personas que encuentran
en la música un refugio y una forma de conectar
con la vida a través de sus historias

Laia

Para todas las swifties que siguen mi trabajo desde
la era de Tumblr y me han visto crecer hasta ahora.
Y para Inés, la persona más buena y la mayor fan
de Taylor que conozco

PRÓLOGO

Imagina que estás en una fiesta. Una de esas tantas a las que acabas yendo porque, de lo contrario, tu mejor amiga se habría presentado en la puerta de tu casa para arrastrarte hasta allí. La verdad es que tiene razón: ha sido una semana complicada y mereces divertirte un rato y olvidarte un poco del mundo que existe a tu alrededor. A regañadientes, te has puesto tus mejores galas y unos zapatos cómodos. ¿Quién sabe? Quizá acabes animándote a bailar y todo.

Cuando llegas reconoces algunos rostros; personas con las que te cruzas a diario, gente a la que has visto alguna vez caminando por la ciudad o con la que compartes unos minutos en el autobús que tomas cada día, de regreso a casa, después de la rutina. Sin embargo, no tardas demasiado en darte cuenta de que realmente no conoces a nadie. Así que, para tratar de calmar esa desagradable sensación que **te sube por la cabeza deslizándose como una serpiente** y te hace sentir fuera de lugar, no te despegas de tu mejor amiga e intentas **mantenerte fuera del camino de los demás**. Ella pronto te presenta a un grupo de gente. Son simpáticos, sí, pero eso de romper el hielo nunca ha sido lo tuyo. De modo que tratas de dejarte llevar por la situación: te tomas algo con ellos, asientes ante las conversaciones que se entremezclan frente a ti y finges una sonrisa de vez en cuando porque, ante todo, quieres evitar que piensen que eres una persona aburrida. Sobre vosotros cuelga una **bola de discoteca**, que gira despacio e ilumina la pista de baile, **todos los vestidos de color pastel** y los corazones que acabarán rompiéndose antes del amanecer.

Entonces ocurre algo inesperado que cambia el rumbo de la noche. El DJ pone una nueva canción y reconoces la melodía al instante. Esa base de guitarra que lleva tantos años acompañándote es inconfundible, al igual que la voz divertida de una chica que asegura que **nunca, nunca, nunca volverá con su ex. Igual que tú tampoco lo harás.**

Nunca.

Tu expresión cambia tan por completo que consigues que la persona que está a tu lado —y que seguro que te han presentado, pero los nervios han hecho que olvides su nombre— perciba tu entusiasmo y se anime a preguntarte: «**¿Te gusta Taylor Swift?**».

Y es así como cambia todo. Algo dentro de ti te asegura que, después de esta pregunta, surgirán otras tantas. Porque querrás conocer un poco más a esa persona que hasta ese momento era una absoluta desconocida. Porque ha saltado una pequeña chispa y sabes que, en lo que queda de esta primera noche, no te separarás de ella. Y porque esa sensación desconcertante empieza a desvanecerse y da paso a una conexión instantánea, como cuando eras pequeño y aquel niño vestido de pirata, que conociste en el parque una tarde de agosto, te tendió la mano para prometerte que ibais a ser los mejores amigos.

Cuando Taylor Swift aterrizó en la escena musical, era difícil imaginarse que algún día esa chica de Pensilvania con una guitarra, rizos largos y un vestido blanco con un look ligeramente de comunión se convertiría, en pocas palabras, en una de las figuras más importantes de la historia.

Ahora, tras dieciocho años en la industria y con diez álbumes de estudio a sus espaldas, centenares de premios y reconocimientos a su carrera, así como la gira más recaudadora de la historia de la música a día de hoy, sería absurdo ignorar el hecho de que Taylor Swift no solo ha conseguido cambiar este sector, sino que ha cambiado la vida de millones de personas.

Aquellas personas que le juran lealtad como si de una eminencia se tratase y se hacen llamar a sí mismas swifties.

La industria musical es una de las más competitivas en el mundo del arte. Por ella han pasado cientos de figuras que han dejado huella en todo el planeta con su legado, como los Beatles, Freddie Mercury, Whitney Houston y Madonna. Acercándonos un poco más al siglo XXI, la lista podría extenderse a otros iconos del pop que nos han dado momentos del todo inolvidables: Britney Spears, Kylie Minogue, Christina Aguilera, Beyoncé, Lady Gaga, Katy Perry o Dua Lipa, entre otras tantas. Para cualquier seguidor de este género musical, resulta terriblemente natural observar que cualquier artista que se embarca en esta profesión pasa por un trayecto parecido, sobre todo las mujeres: comienza su carrera con muchas ganas, va ganando terreno a medida que sus canciones triunfan en las listas de ventas, crece en exposición en los medios —algunas artistas han llegado a enfrentarse a auténticos «escándalos» públicos que copan todos los titulares de las revistas del corazón— y, en algún momento de su trayectoria, sus fans terminan colgando la etiqueta a «la era dorada» de la artista, ese concepto que dicta —injustamente, si me lo permitís— que nunca volverá a tener tanto éxito, como si el público le quitase la posibilidad de encontrar una nueva forma de superarse a sí misma. Sin embargo, tras haber cosechado ese éxito tan increíble, lo que viene después puede tomar dos caminos diferentes: uno en el que la artista se mantiene en el tiempo, u otro más oscuro en el que poco a poco estas figuras, que en su momento llegaron a millones de personas, parece que van perdiendo la fidelidad de sus fans al menor paso en falso, como una foto filtrada, un disco que no era tan bueno como se esperaba, una actuación en directo que deja que desear… Cualquier excusa y momento son buenos para convertir a una persona en un juguete roto.

No obstante, hay una artista que ha conseguido escapar a esta maldición y que es la razón por la que tienes este libro en las manos. El fenómeno de **Taylor Swift** —me concedo la licencia de llamarla simplemente Taylor de aquí en adelante, claro— es una anomalía, pues no es que su carrera se haya limitado a dar pasos agigantados entre álbum y álbum que le hayan permitido acumular millones de ventas y llenar casi todos los estadios del planeta; es que, además, los swifties y Taylor comparten algo que se distingue del resto de los *fandoms*, una especie de fidelidad que parece inquebrantable y que no todo el mundo termina de comprender.

> *Cada movimiento que hace no solo es observado con lupa, sino que cuenta con un apoyo incondicional que, en lugar de desgastarse con el tiempo, cobra aún más fuerza.*

Me gustaría tratar de entender con vosotros por qué ocurre esto. En qué momento una rubia de Pensilvania que comenzó componiendo canciones country a miles de kilómetros de nuestras casas ha conseguido estar presente en el día a día de sus seguidores. Cómo ha hecho que conectemos con su música, con su éxito, con su vida personal. De qué nos habla en cada una de sus eras y los momentos más mágicos que nos unen a ellas. Dónde está la clave para que una artista sea capaz de convertirse en una parte tan importante de nosotros, y por qué nuestra vida no sería la misma si esta persona y su arte no existieran.

Quiero dejar claro que este libro no es una biografía de Taylor —todos llevamos ya un tiempo soñando con el día en que ella misma la escriba con su puño y letra—, sino un repaso a su carrera desde el punto de vista de un **swiftie**, en el que exploraré nuestra conexión con ella a lo largo de todas sus etapas. Y, aunque en los diferentes capítulos hablaré de cada una de sus eras y álbumes cronológicamente, por suerte o desgracia soy una persona más bien caótica, y lo más probable es que encontréis unas cuantas referencias o *Easter eggs* a otras eras a lo largo del texto —no os diré cuántos son, pero os animo a descubrirlos todos y marcarlos con vuestro subrayador favorito, por supuesto— y que mencione detalles con los que nos reencontraremos más adelante. Sin embargo, espero que podáis perdonarme y, sobre todo, que disfrutéis mucho del viaje.

Ah, y si por casualidad algún swiftie desquiciado ha pensado que regalarte este libro era una buena idea y tú aún no te has puesto del todo al día con Taylor, espero que con estas páginas puedas entender un poco mejor de dónde nace su obsesión, las canciones que no para de cantarte una y otra vez siempre que estáis juntos y por qué le gustaría tanto vivir un concierto suyo junto a ti. Es decir, espero que al terminarlo tengas suficientes motivos para seguir adentrándote poco a poco en este fascinante y caótico universo.

Vamos allá, ¿vale?

Capítulo 1

Taylor Swift

I'm just a girl, trying to find a place in this —— world ——

If I had to take a guess and say the one thing that probably everybody in this stadium has in common, I think I would say that one thing would be... that we all like the feeling of finding something real.[1]

Taylor Swift antes de cantar «Delicate» en el Reputation Stadium Tour

[1] «Si tuviera que intentar adivinar una cosa que tienen en común todas las personas que están en este estadio, creo que diría que... a todos nos gusta esa sensación de encontrar algo que es real».

Sentirse solo es una de esas cosas de la vida a las que a uno le cuesta acostumbrarse. Cuando eres pequeño pasas casi todo el tiempo rodeado de gente: tu familia cuando estás en casa, tus compañeros de clase en el colegio o ese grupo de amigos con los que siempre te has juntado y con los que creas recuerdos que perdurarán para siempre. De alguna manera, te sientes protegido en estos círculos, pero tarde o temprano esa burbuja que considerabas inquebrantable comienza a desvanecerse y tienes que aprender a estar por tu cuenta. Y, aunque este proceso es distinto para cada persona, es agradable pensar que, siempre que el mundo se nos haga un poco cuesta arriba, el arte podrá acompañarnos en todas sus formas: esos mensajes que revolotean en tu día a día como películas que terminas aprendiéndote de memoria, esos libros que subrayas cada vez que te emocionan o esas canciones a las que siempre vuelves y que parecen entender exactamente cómo te sientes —y algunas de ellas incluso pueden acabar en tu piel en forma de tatuaje—. Todos esos **mensajes que los artistas lanzan al mundo en una botella** y que, si tienen suerte, al otro lado de las olas encuentran a ese alguien que está dispuesto a escuchar lo que tienen que decir.

Estoy seguro de que, igual que tú y que yo, la Taylor más joven, la misma que hacía sus primeros viajes por carretera hacia Nashville en busca de un contrato discográfico que le diese la oportunidad de lanzar su carrera, se sintió así en algún momento antes de lanzar su primer disco: sin saber bien qué venía a continuación. Y es que todos hemos estado tumbados en la cama de nuestra habitación, navegando por nuestra primera maravillosa crisis existencial, pensando qué demonios haremos con nuestra vida, cuál es nuestro propósito y todas esas cosas a las que a algunos nos lleva tiempo y grandes dosis de paciencia descubrir.

Personalmente, no hay momento que agradezca más en el mundo que cuando Taylor comprendió que había nacido para contar historias. En 2006, tras firmar un contrato con un pequeño sello llamado Big Machine Records y juntarse con la compositora Liz Rose —quien, en lugar de subestimarla por su edad, le dio alas para crear su música de la manera en que ella quería— lanzó *Taylor Swift*, también apodado *Debut* por parte del *fandom*. Y, aunque este álbum podría haberse titulado *Una guitarra y un sueño*, es entendible que prefiriese utilizar su nombre artístico como carta de presentación al público estadounidense. Pero ¿cómo pudo ocurrirle algo así a una chica que, a primera vista, no tenía nada destacable ni diferente respecto a otras tantas?

> *Si lo miramos más de cerca, este disco es prácticamente una colección de canciones en que una adolescente nos abre las páginas de su diario y acompaña cada una de esas palabras con melodías juguetonas, arreglos de violín, acordes de piano y estructuras que beben de otros artistas country que ella misma ha mencionado como referentes a lo largo de su carrera.*

Y, hablando de referentes, no es de extrañar que su primer sencillo acabara siendo «Tim McGraw», una canción donde habla de un chico con el que compartió un breve romance tres veranos atrás y Taylor dice que espera que la recuerde cada vez que escuche una canción del cantante Tim McGraw, una leyenda del country. Para los que quizá estén esperando a la Taylor's Version para animarse a escucharla —mientras tecleo estas páginas, este acontecimiento histórico aún no ha sucedido—, os contaré que esta primera canción de Taylor recoge, sin duda, su esencia como artista. Esta es una de las claves de ese éxito que no todo el mundo parece comprender y que, en su momento, la catapultó a vender más de cuarenta mil copias de su primer álbum en Estados Unidos durante la primera semana tras el lanzamiento. Una cifra modesta que, tan solo un año más tarde, llegaría a superar el millón de copias vendidas en su país natal. Y es que no debemos pasar por alto que Taylor siempre se ha presentado a sí misma como una cantautora, y es importante tener en cuenta este concepto cuando nos referimos a ella para entender mejor el inicio de lo que más tarde se convertiría en un fenómeno.

A veces, cuando una canción no termina de convencernos del todo en la primera escucha, podemos recurrir a los videoclips. Con ayuda de un buen presupuesto que pueda traducirse en una estética atractiva o una coreografía adictiva que resalte el físico y el carisma del artista en cuestión, los videoclips intentan darnos un pequeño empujón y hacernos cambiar de opinión, vendernos una canción a la que,

de otro modo, quizá no hubiéramos prestado atención en un primer momento por la radio —una influencia que ahora parece haberse traspasado a TikTok, donde las discográficas buscan incansablemente el éxito inmediato a través de la viralización—. Sin embargo, si en 2006 te cruzabas con el videoclip de «Tim McGraw» en la MTV, lo único que observabas eran imágenes intercaladas de una chica junto a un lago con una radio en la mano y otros planos de ella con un chico compartiendo un paseo por un camino de tierra. Lo que quiero decir es que no había nada demasiado «llamativo» a nivel visual, simplemente tenías tres minutos de una chica llamada Taylor tirada en mitad del campo, y lo que podía llamarte la atención era la música, la historia que aquella adolescente recatada te estaba contando a través de su experiencia, al igual que ocurría con los *singles* «Our Song», «Picture to Burn» o «Teardrops on my Guitar»: ninguno de estos videoclips era nada del otro mundo, todos ellos carecían de una cinematografía cuidada o una narrativa realmente interesante.

Abro paréntesis: qué BUENA es «Teardrops on my Guitar». Cierro paréntesis.

Por esto es importante quedarnos con la idea de que Taylor nació siendo cantautora, y no una estrella del pop. De hecho, hasta cierto punto de su carrera —del cual hablaremos más adelante— es muy probable que ella misma no tuviera intención de convertirse en una estrella del pop, con todo lo que esto conlleva, sino que iba más encaminada a ser una nueva Faith Hill o Dolly Parton. Es decir, la próxima voz femenina del country, un género en el que el *storytelling* tiene un gran peso mientras que su producción tiende a ser homogénea a nivel general, y al que se le atribuyen connotaciones de carácter religioso o espiritual. Pues así percibía la gente a Taylor en sus inicios: una chica buena que cantaba canciones para chicas buenas.

Es en su faceta de cantautora donde reside el concepto de realidad del que habla en la cita que hay al comienzo de este capítulo. Ella sabe perfectamente que lo que el público busca en su música, más allá de todos los adornos que puedan rodearla, es el corazón que hay en sus canciones, la sensación de veracidad que parecen contener y que, de alguna manera, sus seguidores consiguen universalizar y, por ende, se ven reflejados en sus letras.

13

La música del disco *Taylor Swift* es una prueba sólida de ello. No estamos ante un álbum ambicioso en su producción —escucharlo hoy en día lo demuestra— ni en términos de habilidades vocales —ya entonces Taylor utilizaba su voz como un instrumento más para contar historias, no para hacer gorgoritos imposibles, y con el tiempo ha aprendido a dominarlo—. No obstante, resulta inexplicablemente sencillo quedarse prendado de esos romances imaginarios que describía con detalles tan concretos y visuales —de hecho, ella ha afirmado que muchas canciones de amor de este primer álbum nunca llegaron a suceder, sino que proyectaba sus fantasías en personas de su alrededor—, romances verdaderos que llevaron a una primera desilusión o canciones que los fans, de alguna forma, empezamos a llevarnos a nuestro propio terreno. Sin ninguna otra pretensión, este disco plasma la realidad de una adolescente, sus inquietudes y deseos, sus ganas de encontrar un lugar en este mundo como persona y también como artista.

Sin embargo, y antes de avanzar un paso más en el tiempo, hay un detalle que me gustaría comentar sobre esta era y con el que, ya desde sus inicios, muestra que la relación que Taylor quería forjar con sus fans iba más allá de lanzar canciones con las que el público pudiera identificarse. Si te acercabas a tu estantería de discos —en el formato vinilo esto que te voy a contar no ocurre— y abrías el libreto de *Taylor Swift*, con su glamurosa sesión de fotos con una furgoneta y un primer plano de ¿los dedos de sus pies?, veías que ocurría algo curioso en las letras de cada una de las canciones. En algunas palabras aleatorias encontrabas una mayúscula suelta en lugares que no correspondían. Si te pasabas una tarde uniéndolas todas, podías formar mensajes secretos, que estaban relacionados con cada tema y que iban especialmente dirigidos a los fans que se paraban a leerlos. En «**Picture to Burn**», por ejemplo, encontrabas la frase «Date nice boys» y en «**The Outside**», una canción que escribió con doce años sobre el hecho de no encajar con los demás, obtenías un «You are not alone», que impactaba de lleno en el corazón de cualquier fan que estuviera atravesando una situación similar.

Este gesto, que de primeras podría parecer un juego insignificante o infantil, en realidad no solo encajaba perfectamente con lo que haría una persona de esta edad, sino que para los swifties era una señal de agradecimiento por tomarnos la molestia de darle una oportunidad a su música, de gastarnos nuestras pagas acumuladas de cinco euros a la semana para comprar su primer álbum e invertir nuestro tiempo en repasar el libreto para aprendernos todas las canciones mientras lo escuchábamos.

Aquí, Taylor se ponía a nuestro mismo nivel para comunicarse con nosotros de forma directa, y naturalmente creaba una sensación de cuidar de sus potenciales fans, de preocuparse por mantener la fidelidad de esa persona que estaba al otro lado, en lugar de dar por sentada la confianza de ese desconocido que había decidido escuchar su mensaje, sin saber que estaba a punto de convertirse en una gran superestrella.

Y si su objetivo era que a partir de entonces pensáramos en ella **cuando escuchásemos el nombre «Tim McGraw»**, creo que cualquier swiftie estaría más que de acuerdo conmigo en afirmar que lo cumplió.

Capítulo 2
Fearless

Even as an adult, I still have recurring flashbacks of sitting at lunch tables alone or hiding in a bathroom stall, or trying to make a new friend and being laughed at. [...] It's important to address our long-standing issues before we turn into the living embodiment of them.[2]

Taylor Swift en «30 Things I Learned Before Turning 30», revista *Elle*

[2] «Incluso de adulta, todavía tengo flashbacks recurrentes de cuando estaba sentada en una mesa del comedor sola o escondida en uno de los baños, o cuando intentaba hacerme amiga de alguien y se reían de mí. [...] Es importante que abordemos los problemas que arrastramos desde hace tiempo antes de que nosotros mismos los personifiquemos en carne y hueso».

Para saber qué nos hace valientes, primero deberíamos pararnos a pensar en las cosas que nos dan miedo.

Nadie podría especificar el momento exacto, pero, cuando eres adolescente, parece que el mundo, tal y como siempre lo has conocido, cambia de la noche a la mañana. Es como si se estirase, como si se hiciera más grande y complicado que antes. Aparecen nuevos lugares de los que nunca habías oído hablar, situaciones a las que jamás habías tenido que enfrentarte y que a partir de ese momento te rozarán los tobillos como si fuesen tu propia sombra. Incluso empiezas a identificar nuevos sentimientos que hace tan solo un minuto no existían y que de pronto comienzas a percibir intensamente y no sabes cómo manejar.

> *Crecer es una movida, eso es un hecho innegable. Más aún cuando nadie te prepara del todo para ello, porque hay una parte de la realidad que los adultos tratan de ocultarnos durante la infancia y que un día se asoma por la puerta sin pedir permiso.*

Cuando somos pequeños, es normal que nuestros padres intenten protegernos a su manera de todo lo que sucede más allá de las paredes de nuestra habitación. Que traten de proporcionarnos —con más o menos éxito— un ambiente de seguridad, en el que poder desarrollarnos y sentirnos a salvo. Sin embargo, esta muralla aparentemente inexorable se debilita con el paso de los años y, llegado el momento, nosotros mismos tratamos de derribarla movidos por todas esas cosas nuevas que han aparecido al otro lado y que nos causan curiosidad. Porque tenemos ganas de descubrirlas, experimentarlas y explorar nuevas partes de nuestra propia identidad, como un escudo que nos ayudará a caminar por el mundo y con el que aprenderemos a no tener miedo a todo lo que está por llegar.

A pesar de que la vida siempre puede llevarnos por caminos diferentes, podríamos decir que muchos comenzamos en un mismo punto de partida. Un lugar en el

que nos damos cuenta de que las cosas han cambiado para siempre, que las reglas ya no son las que conocíamos hasta entonces y donde el hecho de no encajar puede llegar a convertirse en uno de nuestros mayores miedos. Me refiero al instituto.

Fearless fue el primer gran lanzamiento internacional de Taylor, tras el éxito en Estados Unidos de su álbum debut, que había sobrepasado cualquier expectativa que su discográfica pudiera haber puesto en ella en un principio. Al mismo tiempo, Taylor todavía tenía un largo camino por recorrer, aunque en ese momento nadie era consciente de ello. Ella misma nos lo confesaba abriendo *Fearless* con una canción homónima donde dice: «*And I don't know how it gets better than this*».[3] Y es que, a pesar de no saber exactamente qué vendría a continuación, lo que sí nos quedaba claro era que Taylor iba a seguir mirando hacia delante de la mano de alguien que la hiciera sentir valiente. Como tú, por ejemplo, que te embarcabas con ella en una nueva aventura, o que quizá saltabas por primera vez sin tener miedo a la caída.

> *Porque esta era es exactamente eso: es como si volvieras a dar un paseo con Taylor por tu propia adolescencia, la cual parece que compartes con ella debido a las experiencias que refleja en sus trece —como no podía ser de otra forma, pues es su número favorito— temas principales.*

Tras dejar claro su propósito, Taylor decide colocar en segunda posición lo que, de alguna manera, se siente como la enseñanza y el corazón del disco —a pesar de que ella suele reservar el número cinco para sus canciones más especiales—: en «Fifteen» recorríamos por primera vez los pasillos de nuestro nuevo instituto, esperando pasar inadvertidos ante los demás —Taylor ha reconocido en múltiples ocasiones que nunca fue una chica popular en la escuela, miedo que la ha acompañado a lo largo de los años, como veremos más adelante—, y conocíamos a nuestra

[3] «Y no sé cómo podrían mejorar las cosas».

futura mejor amiga: Abigail Anderson. Aunque Taylor es una persona muy reservada en cuanto a su vida privada, si echamos un vistazo al videoclip de «Fifteen» podemos ver a Abigail, que es una de las mejores amigas de Taylor desde 2003 y cuya relación nos ha dejado a lo largo del tiempo algunos momentos preciosos que hemos vivido casi en nuestra propia carne, como cuando Taylor asistió como dama de honor a su boda en 2017. Para todos los que nos sentíamos fuera de lugar en el instituto, como Taylor en ocasiones, nos daba una sensación de esperanza ver la imagen de Abigail en aquel videoclip y saber que Taylor y ella eran realmente mejores amigas y que, tal como nos contaba en la canción, habían pasado por aquella etapa juntas.

Lo que quiero remarcar con todo esto es que el instituto, por desgracia, no siempre es una buena experiencia para todo el mundo. Sin embargo, en esta canción —al igual que en «Change», con la que cierra la versión estándar del álbum— Taylor nos enseñaba que nos encontrábamos en un lugar de transición, donde sabíamos que no nos quedaríamos durante mucho más tiempo, un sitio no siempre luminoso, pero donde también es posible encontrar a personas que te cambian la vida para siempre. Que es importante aferrarte a ellas porque son las que continuarán contigo tras aquel primer beso equivocado o esa fantasía del príncipe azul que viene a rescatarte montado en un corcel blanco —que no es que haya envejecido demasiado bien, para ser sinceros—. Y, como dicen que una imagen vale más que mil palabras, esta idea queda bastante clara si revisitamos los últimos segundos del videoclip de «Fifteen», donde vemos a Taylor frente a la entrada de un instituto estableciendo contacto visual con una chica más joven que ella en lo que parece ser su primer día de clase. Una chica que podría ser cualquiera de nosotros. Como si esta fuera su forma de decirnos: «Ahora es tu turno y lo vas a hacer bien».

Dramas de instituto aparte, sabemos que en *Fearless*, y en casi todos los discos de Taylor, siempre hay tiempo para hablar de amor —más de veintisiete segundos, desde luego—, ya que probablemente es el tema sobre el que más le fascina escribir a nuestra rubia favorita. Y si antes decíamos que es importante conocer las cosas que nos dan miedo para poder llegar a ser valientes, en el prólogo de este álbum Taylor dejaba muy claro que, al menos para ella, tener miedo o inseguridades,

equivocarnos…, es decir, todas esas cosas que *a priori* se interpretan como puntos débiles, son las que nos convierten en personas valientes. Por ello, nos animaba a tomar riesgos, a enfrentarnos a situaciones desconocidas de las que aprenderíamos nuevas lecciones.

Y, claro, el amor no era una excepción.

Porque en 2008 —y, ¿qué demonios?, también a día de hoy— vivimos las canciones de amor de *Fearless* como buenos swifties: intensa y dramáticamente. ¿De qué otra forma, si no? Porque en «**Love Story**» —una de las mejores canciones de amor del siglo XXI, no admito objeciones de ningún tipo— Taylor nos hizo creer que el amor era como una película y que Romeo aparecería en cualquier momento para pedirnos matrimonio con dieciséis años y comprarnos un vestido de boda —ahora que escribo esto, ¿en qué estábamos pensando?—. También nos hizo creer que éramos lo suficientemente buenos como para hacer que nuestro *crush* de la época se fijara en nosotros y nos eligiera de entre todas sus pretendientas, como en la tontorrona pero siempre divertida «**Hey Stephen**». Y, por supuesto, entendimos que no necesitábamos ser las *cheerleaders* del instituto para poder ir al baile de fin de curso —algo que, siendo una persona que creció en un barrio humilde de Madrid, no era lo más común, desde luego— con el chico que nos gustaba, como pasa en el videoclip de «**You Belong With Me**». Y lo que me resulta más interesante de revisitar estos temas en la Taylor's Version, trece años después del lanzamiento del original, es recordar claramente qué era lo que nos tenía del todo prendados de estas canciones: esa visión ingenua del amor que plasmaba alguien que se zambullía en él por primera vez, con todo lo que ello implicaba. Cómo no comprendíamos en el instituto que la gente no siempre llega a cumplir sus promesas a pesar de decirte que algo es para siempre («**Forever & Always**»), que no tienes que aguantar las explicaciones de una persona que no te trata como te mereces («**Tell Me Why**») o que no tienes por qué perdonar a alguien que ya te ha dicho que «lo siente» demasiadas veces como para creerla una vez más («**You're Not Sorry**»).

Con la música de Taylor, empezamos a construirnos en la cabeza un imaginario sobre las relaciones, que, como veremos a medida que avancemos en el libro, ha ido cambiando y cobrando otros matices.

> *Porque cuando eres joven es fácil engancharse a cualquier migaja de afecto de esas personas que consideramos que están fuera de nuestro alcance y que nos hacen sentirnos muy afortunados cuando nos miran a los ojos.*

Personas como el chico del que habla Taylor en **«White Horse»**, expertas en hacernos sentir **mariposas en el estómago para después hacer que se conviertan en polvo** sin que les tiemble el pulso. Sin embargo, y para alivio de todos, más adelante veremos que el amor es distinto a como lo soñábamos cuando teníamos dieciséis años.

No me gustaría cerrar este capítulo sin hacer mención a una última canción de amor que, si bien no tiene que ver tanto con el amor romántico, recupera una temática que ya encontrábamos en *Taylor Swift*. Una canción que, si miramos en retrospectiva, resulta imprescindible para comprender todos los años que abarca la era de *Fearless*. Cuando somos más jóvenes, nuestros padres tratan de protegernos porque les da miedo que nos hagamos daño y aprendamos que la vida, en realidad, no es tan amable como creíamos. No obstante, llega un momento en el que no pueden estar con nosotros cada vez que nos caemos, cada vez que entramos en clase o cada vez que tenemos que enfrentarnos a un problema por nuestra cuenta y echamos de menos esa burbuja en cuyos límites nos sentíamos seguros. A pesar de ello, cuando llegamos a **«The Best Day»** —que probablemente no es una de las canciones más populares del disco, pero sí una de las más lindas—, nos produce un sentimiento reconfortante al escuchar que Taylor le dedica unas palabras de agradecimiento a su madre, Andrea, por haber estado junto a ella cada vez que la ha necesitado; un recuerdo de que la familia es uno de esos grandes temas que nos toca la patata inevitablemente y nos conecta a todos al mismo tiempo.

Porque, aunque a veces creamos que podemos con todo, saber que puedes volver a casa a reponer energías tras un largo día es una sensación igual de reconfortante que escuchar esta canción.

Y es que esa también es una lección importante de esta era: no debemos olvidar de dónde venimos, aunque nos encaminemos en otra dirección.

And I don't know why, but with you I'd dance in a storm in my best dress ♡F ♡E ♡A ♡R ♡L ♡E ♡S ♡S♡

Capítulo 3

Speak Now

> I wanted to get better, to challenge myself, and to build on my skills as a writer, an artist, and a performer. I didn't want to just be handed respect and acceptance in my field. I wanted to earn it.[4]

Taylor Swift en el prólogo de *Speak Now (Taylor's Version)*

[4] «Quería ser mejor, desafiarme a mí misma y trabajar mis destrezas como escritora, artista y cantante. No quería que la gente me respetara y me aceptara en mi campo porque sí, sino que quería ganármelo».

I'll spend forever
wondering if you
knew I was
ENCHANTED
to meet you.

Hay experiencias que nos marcan para siempre, momentos especiales que nos gusta revisitar de vez en cuando y recrear en nuestra cabeza como si fueran las mejores escenas de nuestra película favorita. Cerramos los ojos e intentamos ver a las personas que nos rodeaban, recordar los olores y otros detalles concretos que nos trasladan a ese lugar, como la canción que sonaba o el reflejo de **las luces de la ciudad sobre el agua**. Volver a esos recuerdos nos transmite seguridad, nos reconforta cuando lo necesitamos y también nos ayuda a reafirmar que lo que ocurrió no fue solo un sueño.

En otras ocasiones acudimos a nuestros recuerdos con el propósito de alterarlos en nuestra imaginación, y quizá tomamos una decisión diferente a la que nos atrevimos a hacer en la realidad. Los reinventamos, y al hacerlo añadimos detalles, como **las palabras que no le dijimos a esa persona antes de despedirnos y volver a casa con las mejillas sonrosadas**. Porque tal vez así buscamos explorar otro camino. Uno que no llegamos a recorrer. Uno que nos llevaba a tomar una decisión diferente.

Y, del mismo modo, existen otros momentos que también nos impactan. Esta vez sin que tengamos la oportunidad de esquivarlos. Se nos quedan enquistados en la cabeza, algunos durante mucho más tiempo de lo que nos gustaría. Y, aunque creamos haberlos olvidado, afloran de nuevo cuando menos lo esperamos.

Para arrancar con esta era, me parece importante mencionar de modo fugaz un fatídico episodio previo que creo que nos ayudará a contextualizar el lanzamiento de *Speak Now*. Me refiero a la histórica noche de 2009 en la que Taylor ganó el premio a **Mejor Videoclip Femenino en los Video Music Awards** por «You Belong With Me» frente a otras artistas consagradas como Beyoncé, Pink o Lady Gaga y, de pronto, el rapero Kanye West irrumpió en el escenario con actitud chulesca para quitarle el micrófono y sentenciar públicamente que ella no se merecía aquel reconocimiento y que tendría que haberlo recibido Beyoncé, quien acabaría la gala ganando el premio a Mejor Vídeo del Año con «Single Ladies».

Imagina que llevas años luchando por hacer realidad un sueño, dedicándole tiempo y sacrificándote para que salga adelante, y de golpe alguien mayor que tú, una persona a la que incluso podrías haber admirado, decide humillarte en directo

ante millones de espectadores. Añadamos también el pequeño detalle de que tienes diecinueve años y te quedas paralizada, pensando que los abucheos que rodean el escenario son para reafirmar las palabras que acaba de pronunciar ese individuo. Por mucha seguridad que tengas en ti mismo, es difícil creer que este acontecimiento no te afectará de ninguna forma, sobre todo cuando no sabes cómo actuar ante lo ocurrido mientras todos esperan una reacción por tu parte.

Por desgracia, te encontrarás un puñado de personas así por el mundo —aunque no entiendas qué demonios hacen ahí—, y cuando te topes con ellos entenderás que los monstruos que se escondían bajo la cama no desaparecen a medida que te haces mayor, solo cambian de forma. Y debes recordar que **puede que ellos sean más grandes, pero tú serás más rápido y no tendrás miedo a hacerles frente.**

Que Taylor ganase tanta popularidad tras el lanzamiento de *Fearless* y su respectiva gira tuvo un efecto tan colateral como inevitable: el crecimiento paulatino de sus detractores. Supongo que a algunos les molestaba que una chica de apenas veinte años arrasase en las listas de éxitos y las galas de premios escribiendo canciones de amor y desamor inspiradas en sus relaciones personales y en las páginas de sus diarios, y que a su vez consiguiera conectar con toda una generación de jóvenes a través de sus letras.

Esto último me ha llamado especialmente la atención cuando alguna vez me han preguntado: «¿Por qué crees que Taylor Swift es ahora la voz de toda una generación?». No sé si hay una respuesta correcta para corroborar esta conclusión, pero si hay algo de lo que estoy seguro es que es terriblemente frecuente pensar que a los jóvenes nunca hay que tomarlos demasiado en serio. Por desgracia, resulta sencillo invalidar nuestros sentimientos o las ideas que tenemos sobre el mundo y las cosas que nos rodean, como si no fueran igual de importantes por el mero hecho de que llevamos menos tiempo en este planeta que las personas que los invalidan con tanta facilidad. Cuando pierdes una amistad por primera vez, te dicen que «es normal» y que «tendrás mucha suerte si conservas alguna amistad del instituto cuando seas mayor». Cuando la persona que te gusta no te hace ni puñetero caso, escuchas que «De esos te vas a cruzar unos cuantos, no es para tanto». Incluso si empezamos un primer trabajo y resulta que nuestro jefe nos hace la vida imposible, tenemos que conformarnos con un «Estás empezando, ¿qué esperabas?». Y no hace falta ser cínicos, sabemos que no nacemos con todo aprendido y que, con los años, somos capaces de relativizar y aprender de todas las situaciones que se nos van poniendo por delante. Sin embargo, cuando los **swifties** creemos estar leyendo la Santa Biblia en las letras de Taylor es porque ella, en lugar de darnos una palmadita en la espalda, ha estado en cada uno de esos momentos confusos sin juzgarnos. Nos dejó leer su diario en su primer disco, nos acompañó en el instituto en la continuación y habló de lo que nos preocupaba en aquel momento como lo haría una amiga con la que charlas durante el recreo.

> Desde el principio, supo transmitirnos que nuestros sentimientos eran válidos. También apresurados, ingenuos y a veces poco cautos, pero igual de válidos que los de cualquier otra persona. Y, a medida que crecíamos, ella se encargaba de escribir esas canciones que terminarían convirtiéndose en un mantra.

Lo cierto es que resultaba bastante ridículo que algunos de los cantautores más célebres de la historia reconocieran el valor que Taylor empezaba a aportar a la industria musical como compositora —como **Bruce Springsteen**, quien sigue haciéndolo abiertamente a día de hoy—, mientras que gran parte de la prensa y sus detractores continuaban desacreditando el trabajo de **Taylor** y dirigían el centro de atención a las relaciones que había tenido en el pasado. Durante esa época fue enfermizo tener que leer —ya no solo como swiftie, sino como persona con dos dedos de frente— cientos de titulares, revistas y artículos de blogs que se dedicaban a enumerar todas y cada una de las relaciones que había tenido a lo largo de su carrera. La convirtieron en una especie de devorahombres cuyo motor creativo para continuar escribiendo música eran sus exparejas, en lugar de sus experiencias, la atención al detalle que ponía en sus letras y la forma en la que narraba una historia y esta se entrelazaba contigo de manera natural, que es lo que en realidad la convertía en una compositora con una creciente proyección internacional.

Por supuesto, esta mirada machista y retrógrada de la prensa es algo a lo que otras miles de artistas, tanto de la generación de Taylor como de anteriores y posteriores, también han tenido que enfrentarse a lo largo de su carrera: Miley Cyrus fue duramente criticada en su era *Bangerz* por sacar la lengua y colgarse desnuda de una bola de demolición, Britney Spears sufrió una de las persecuciones mediáticas más terribles que se pueden recordar de toda la historia de la música, y Madonna —la artista más influyente en el pop hasta la fecha— tuvo que mantenerse con mano de hierro a cada paso que daba en su carrera por reivindicar los valores en los que se cimientan su música. Para un fan, ver que su artista favorita es vapuleada de forma pública supone un sacrilegio, tras el cual surge una necesidad inmediata de protegerla a toda costa, como si, de alguna forma, cuando alguien critica irracionalmente sus canciones, su figura o las decisiones que ha tomado a lo largo de su carrera, esa crítica se convirtiera de modo automático en algo personal propiciado por la conexión que la artista ha generado con su público. «Esta cantante que para mí es tan importante, esta música en la que encuentro un refugio para mi día a día, no son todas esas cosas que dices tú».

Más allá de lo racional o irracional que pueda parecer esto desde fuera, creo que es importante señalar que existe una línea entre la realidad y la ficción que se desdibuja de manera intermitente cuando mantienes una relación tan especial con un artista, cuando te alimentas de su arte. Para ti, la seguridad de esa persona, su estado de ánimo o incluso su cuenta bancaria tienen que estar en óptimas condiciones para evitar que, por ejemplo, un día deje de hacer música y esa conexión corra el riesgo de desaparecer. Y también pienso que es sano remarcar que **ningún swiftie conoce de verdad a Taylor,** por mucho que escuchemos su música o leamos sus declaraciones en revistas o a través de las redes sociales; ni siquiera aquellos que han sido afortunados de visitarla fugazmente en el *backstage* de alguno de sus conciertos ni los que han sido invitados a su casa a cocinar galletas con ella (hablaremos de las *secret sessions* más adelante). Taylor, tal como se presenta en el escenario cuando actúa, es una persona normal, como tú y como yo —bueno, además de billonaria, pero eso supongo que solo es «un detalle»—, y la mejor forma de mantener sana esa relación es establecer una cierta distancia, como las vallas que te separan de ella en los conciertos. La misma Taylor hablaba de esto con Brendon Urie en el documental *Miss Americana*: «*There's a difference between "I really connect with your lyrics" and "I'm going to break in"*».[5]

En cualquier caso, y a pesar de las sombras que acompañaron a las luces del éxito, *Speak Now* fue esa chica soñadora que logró conquistar nuestro corazón con un reto importante por delante. Por primera vez en su carrera, Taylor decidió desabrocharse el cinturón de seguridad y se animó a escribir un álbum entero ella sola, desprendiéndose de sus colaboradores habituales. Aunque el disco se compuso en parte durante la gira de *Fearless* y, según Taylor, apenas tenía tiempo para organizar sesiones de escritura con otras personas, es evidente que este álbum no era simplemente un trabajo más en su discografía: tras las constantes críticas hacia su vida personal y ese encontronazo con Kanye West en 2009, era hora de enseñar músculo.

Y así, en su tercer álbum, Taylor nos ofreció una masterclass en composición, una colección de canciones donde se distinguían sus ganas de adentrarse en el camino hacia la madurez, mientras que les dejaba las cosas claras a todos aquellos que dudaban de su talento.

[5] «Hay una diferencia entre "Me identifico con tus letras" y "Voy a colarme en tu casa"».

Y es que, aunque no se trata de un álbum respuesta —a diferencia de *reputation*, al que llegaremos en unos capítulos—, si observamos *Speak Now* con perspectiva vemos a una Taylor que busca nuevos límites que empujar para expandirse como artista y, de paso, callar alguna que otra boca.

Cuando una estrella del pop debuta a una edad muy temprana y, tras publicar algunos discos, quiere demostrar públicamente que ha madurado y que ya no es una adolescente, uno de los temas más comunes que suele explorar es la sexualidad y la sensualidad a través de su sonido y de su propia imagen, como una forma más de expresión artística. Sin embargo, resulta curioso que Taylor no juguetea con esta idea hasta mucho más tarde en su carrera —por aquel entonces su discográfica continuaba cultivando su imagen de niña buena de cara al público y evitaba, por ejemplo, que ofreciese su opinión política en entrevistas y medios de comunicación—. En cambio, Taylor decidió enfrentarse a la adultez de una forma atípica para una figura que se extendía cada vez más dentro de la cultura pop: en *Speak Now* encontrábamos, sin duda, las mejores letras que había lanzado hasta el momento y dejaba claro que había crecido y se había volcado por completo en la composición de esas canciones por cuenta propia. En ellas, exploraba nuevos temas que todavía no habíamos visto: agradecía una relación que terminó pero que recordaba con cariño («Mine»), por primera vez pedía perdón a una persona con la que no se había comportado bien («Back To December»), componía una nana para hablarle a un recién nacido sobre la importancia de disfrutar de los años más jóvenes antes de hacerse mayor («Never Grow Up») y trataba de cerrar el círculo abierto en 2009 con Kanye West («Innocent»). Esta última canción era un ejercicio de contención en el cual, en lugar de vengarse de forma cruel —como, hemos de admitir, hizo con una expareja en la controvertida «Better Than Revenge»—, se compadecía de él sin faltarle al respeto, actuando como lo haría un adulto que trata de educar a un niño pequeño que acaba de hacer algo malo —a pesar de que Taylor tiene doce años menos que él—.

Además de todas estas nuevas perspectivas, en *Speak Now* también encontrábamos algunas de las canciones más largas de su carrera —«Dear John» y «Last Kiss» superan los seis minutos de duración, y a día de hoy siguen siendo dos de sus canciones más largas—, y esto parecía una maniobra contraproducente para una

cantante que trataba de captar a un público más amplio y cuyos estribillos preten-
dían ocupar las radios de todo el mundo —donde lo habitual, en aquel momento,
era tener canciones de tres minutos y medio, más o menos—. Sin embargo, Taylor
continuaba no solo «educando» a los swifties en cómo quería seguir construyendo
su música, sino que también mantenía intacta su integridad como artista, exploraba su obra y evitaba caer en las tendencias de la época.

Claro que, a pesar de los intentos, Taylor no ganó todas las batallas. De hecho,
y aunque quizá no todos lo recuerden, al principio este disco iba a tener otro título, pero Scott Borchetta —anterior dueño de Big Machine Records— le desaconse-
jó utilizarlo para evitar que el público general lo considerase infantil y se mostrara
reticente a darle una oportunidad a su música. *Speak Now* iba a llamarse como
la piedra angular que está contenida en él, la que construye un sonido que impregna de alguna manera al resto de las canciones y que, qué casualidad, fue la única
incluida originalmente en el *setlist* de The Eras Tour: **«Enchanted»**. Y es que cualquier swiftie afirmaría que es un poco así como te sientes una vez termina el álbum:

> Taylor inunda cada rincón del disco con melodías que consiguen hechi-
> zarte y te arrastran al interior de un cuento de hadas del que no quie-
> res salir, una sensación que también supo trasladar a su gira promocio-
> nal, el Speak Now World Tour, donde los castillos, las princesas y los
> bosques encantados eran elementos imprescindibles.

Pero todos los cuentos tienen un final, y el de este álbum es la monumental
«Long Live», una canción en la que Taylor expresaba su agradecimiento por todo
lo que había conseguido gracias a los fans que habíamos permanecido junto a ella,
por ver que seguíamos creciendo a su lado. Y, al mismo tiempo, decía que esperaba
que en el futuro también la acompañáramos e incluso nos pedía que, si un día tenemos hijos, les enseñemos su música, como si así pasáramos el testigo de un legado que la conectaría de forma directa con otras generaciones a lo largo del tiempo.

¿Quién le iba a decir que eso es exactamente lo que ocurriría unos años más
tarde?

Capítulo 4
Red

It was rare,
I was there,
I remember it

ALL TOO WELL

I think the reason why I write a lot of songs about the past is because I think sometimes you try to find a lesson in something and maybe it'll help you forget the things that you remember all too well.[6]

Taylor antes de cantar «All Too Well» en el Red Tour

[6] «Creo que el motivo por el que escribo muchas canciones sobre el pasado es que a veces intentas aprender de algo que ha ocurrido y tal vez así te ayude a olvidar todas esas cosas que recuerdas demasiado bien».

¿Cómo se puede curar un corazón roto? Estoy seguro de que muchos de los que estáis leyendo este libro os habréis hecho esta pregunta, al menos, una vez en la vida. Y, de ser así, entiendo que, también al menos una vez en la vida, os habrán roto el corazón.

Tranquilos, es un club bastante frecuentado; aquí hay sitio para todo el mundo.

Creo que es imposible prepararse para cuando llega un momento así. Sobre todo la primera vez, cuando no es simplemente una persona con la que has tonteado un poco en una fiesta, con la que has compartido algunas noches fugaces y luego te ha hecho *ghosting* a la primera de cambio. Me refiero a cuando conectas de verdad con alguien, crees que sería bonito construir algo a partir de ahí y te parece inexplicablemente fácil poner toda tu esperanza en sus manos, aunque la otra persona termine jugueteando con tu esperanza para después dejarla caer al suelo sin importarle las consecuencias.

Los primeros desencantos amorosos te pellizcan el alma. El amor es un **laberinto** complejo y es fácil terminar perdido en él, pero tarde o temprano olvidas esos primeros pasos en falso.

> *Sin embargo, cuando una persona te rompe el corazón es otra cosa. El laberinto parece más grande y cruel y de pronto estás atrapado en él y tienes la impresión de que nunca vas a conseguir salir.*

Inevitablemente, te vuelves vulnerable. Porque te da la sensación de que la otra persona toma el control de la situación, de que él o ella es quien decide por los dos. Esa otra persona a la que se le dan bien los juegos sin reglas, que parece mayor y más «sabia» que tú, y que está dispuesta a dar un paso atrás sin ti y dejarte tirado, sin molestarse en ayudarte a levantarte. Ya he comentado antes que los swifties somos un poco dramáticos, ¿verdad?

Cuando te rompen el corazón, ese instante se queda contigo más tiempo del que te gustaría, como si entrases en un restaurante y te quedases sentado allí, con-

gelado en el tiempo, pensando en cómo deberían haber ocurrido todas esas cosas que no han pasado. Igual que si vieses nacer una ola desde el fondo del mar, que va creciendo y creciendo hasta que se hace tan grande que puede arrasar con todo lo que encuentre, y tú no pudieras escapar a tiempo.

Resulta difícil contestar la pregunta de cómo se puede curar un corazón roto, ¿no? Lo cierto es que cada uno sanamos a nuestra manera, a nuestro propio ritmo y según nuestras circunstancias personales. Sin embargo, si te ocurre alguna vez, escuchar *Red (Taylor's Version)* —a ser posible, en bucle— es uno de los primeros consejos que te daría para ayudarte a reunir la fuerza necesaria, recoger los fragmentos de tu corazón y aprender a juntarlos de nuevo.

Tras el éxito de sus tres trabajos anteriores, antes de embarcarse en la era de *Red* nuestra rubia favorita se veía atrapada entre dos mundos. Por un lado, tenía que contentar a un público que había acogido con los brazos abiertos una fórmula musical que parecía funcionarle a la perfección —sus melodías country-pop y su sello como cantautora enfocada principalmente a las chicas adolescentes—. Por otro, también tenía que contentar a una discográfica conservadora, que crecía en cifras exponenciales gracias a todo el éxito que Taylor había cosechado. Sin embargo, como ya hemos visto, tanto Big Machine Records como el propio equipo de la artista se habían encargado de presentarla como una especie de *America's sweetheart*, es decir, un modelo ejemplar para las niñas y adolescentes que consumían su música. Es en este punto cuando evidenciamos que esto empieza a chocar con la evolución natural que Taylor parecía tener en mente, ya que quería ampliar sus horizontes musicales y empezaba a dejar ver su deseo por experimentar con sus sonidos y su imagen, tratando de llevar un paso más allá los límites de su carrera en los que su discográfica parecía querer encajarla.

Red, como veremos a continuación, fue el experimento que la ayudó a obtener lo que se había propuesto, un lugar donde confluían algunas de las letras y melodías más melancólicas de toda su carrera: con las guitarras, las baterías, los pianos y, en definitiva, todos los instrumentos que contenían la esencia de sus álbumes previos, pero donde también había espacio para la diversión y donde se dejaban entrever el dubstep, el vocoder y otros sonidos más *mainstream* que nunca habíamos escuchado en su música. De hecho, si nos fijamos bien, en los créditos aparecen por primera vez la firma de dos figuras suecas que resultan imprescindibles para entender el panorama de la música pop contemporánea: Max Martin y Shellback —que han trabajado con todas las estrellas del pop que puedas imaginarte y que ayudaron a consolidar ese sonido dubstep tan marcado de principio de los años 2010 en estrellas como Britney Spears, Ke$ha o Nicki Minaj. Estos dos productores también ayudaron a Taylor a dar forma a tres de las canciones que más se desmarcaban de su discografía hasta el momento —«We Are Never Ever Getting Back Together», «I Knew You Were Trouble» y «22»—, las cuales plantarían inevitablemente una semilla en la dirección que Taylor tomaría tan solo una era más tarde.

Una de las críticas más repetidas sobre este disco es que, musicalmente, no es del todo cohesivo. A riesgo de parecer el abogado del diablo, es cierto que la versión estándar de *Red* consta de dieciséis canciones, que componen un abanico de momentos muy diferentes entre sí, mezclando el pop más comercial con un sonido más country sello Taylor Swift, algunos guiños al folk y baladas producidas con tan solo unos pocos instrumentos. Pero siempre lo he defendido de la misma manera: «¿Acaso importa ser cohesivo en un álbum cuyo ADN es revisitar los fragmentos de una relación tóxica?».

Porque Red, en gran parte de su corazón, es eso: una fotografía de una etapa de la vida en la que todo se vuelve frenético, tan inestable como apresurado. Es un retrato de cuando el amor llega de golpe y sin pedir permiso, y entra en tu vida para ponerlo todo patas arriba con la persona menos indicada.

Haciendo caso al título, Taylor dedica parte del prólogo de este proyecto al color rojo, que lo relaciona con un tipo de amor que ella sabe que es tan intenso como efímero y dañino, que está lleno de emociones fuertes. Y, aunque más tarde entenderemos que el amor de verdad se parece más **al color de la luz del sol**, es imposible verlo cuando te pierdes en un bosque que parecía hermoso desde fuera pero que ha terminado siendo aterrador.

Es por todo esto que *Red*, uno de los discos más personales de su carrera, consiguió ganarse un lugar muy especial entre los swifties —a quienes, al parecer, el amor nos resulta igual de complicado que a ella—. Porque a pesar de que originalmente no fue su era más exitosa a nivel comercial ni tuvo tantos reconocimientos públicos como otros discos —pronto hablaremos de una fatídica gala de los premios Grammy que deambula *rent free* en las pesadillas de cualquier fan—, es uno de los trabajos más especiales de su discografía. Un álbum con una estructura circular: comienza con **«State of Grace»**, que nos sitúa en ese momento en el que conoces a una persona inesperada, con quien te quitas esa armadura que siempre llevas puesta para evitar que te hagan daño y que, para bien o para mal, sabes que te cambiará para siempre, y concluye con la delicada y preciosa **«Begin Again»**, que aparece justo cuando piensas que ya no te quedan más lágrimas por derramar y resulta que aún te quedan unas pocas, donde Taylor nos enseña que el dolor de corazón que brota tras una ruptura acaba sanando con el tiempo y que, una vez estés preparado para volver a apostar por el amor, habrá más personas ahí fuera esperando a conocerte.

Y por medio hay altibajos, como cualquier relación condenada al desastre. Taylor retrata perfectamente ese instante en el que sabes que la persona que tienes delante podría llegar a no hacerte bien y, aun así, te permites disfrutar y te dejas enredar en su telaraña (**«Treacherous»** o, como a mí me gusta llamarla, «la niña de mis ojos»); también cuando casi cometes la desfachatez de coger el teléfono para llamarle y darle una segunda oportunidad a algo que no tiene arreglo, pero gracias a Dios no lo haces (**«I Almost Do»**); el peligroso trance en el que quedas sumido tras una ruptura, revisitando conversaciones y momentos previos como si navegases en una espiral (**«Sad Beautiful Tragic»**), o cuando estás tratando de superar todo lo que ha ocurrido pero no terminas de encajar el golpe (**«Holy Ground»**). Y, aunque parece que estuviera hablando del disco más triste del mundo, lo cierto es que en este viaje no todo son lágrimas, claro: en *Red* también encontramos algunos momentos muy divertidos. ¿Quién no ha querido mandar a la mierda a su ex con **«We Are Never Ever Getting Back Together»** de fondo o se ha sentido agradecido por esos amigos que se convierten en familia y que corean **«22»** contigo y sabes que todo saldrá bien si estás con ellos? Porque esto también forma parte del proceso de sanación, y te aportan luz en una etapa que resulta complicada de atravesar solo.

Por estos motivos, y otros que cada swiftie tendrá en su interior, *Red* es verdaderamente un álbum muy especial.

> Porque un disco que podría ser el de una cantante contándonos sus historias de desamor termina pareciéndose más a esa amiga que está a tu lado para cogerte la mano sin juzgarte mientras lloras en tu habitación.

Si te paras a pensarlo, la música es así: es una de las pocas cosas que permites que estén a tu alrededor cuando quieres estar solo y que escuchas con más facilidad que todos los consejos que suelen darte otras personas para salir adelante. En esta conexión tan íntima está el secreto que hace que puedas proyectarte en Taylor de forma natural y entender a la perfección todas esas veces que quiso decir «esta es la última vez que te dejo pasar» antes de cerrarle la puerta a alguien que ya no merecía seguir con ella (**«The Last Time»**) o cuando la llamaron por teléfono para romperla como solo se rompen las promesas (**«All Too Well»**, el corazón del álbum y una de las canciones que más la han perfilado como compositora y disectora de relaciones interpersonales, en la que te crea una auténtica película en la cabeza en tan solo cinco minutos —o diez, con la versión extendida—).

> *Porque nosotros, cada uno a nuestra manera, también hemos vivido alguna de esas experiencias que Taylor nos presentaba en el álbum —lo cual es un poco preocupante, ¿no creéis?— y es así como nuestra empatía hacia sus canciones y hacia la propia Taylor continuó estrechándose, como también había ocurrido durante sus eras anteriores.*

Pero esa vez consiguió generar un vínculo que, personalmente, pocas veces he establecido con otro álbum a lo largo de mi vida.

Así que, si algún día una persona te rompe el corazón, recuerda que **Red** te acompañará para que puedas indagar en esas heridas abiertas y que al final del túnel lograrás verlo todo con más distancia, te levantarás del suelo y volverás a bailar sin esa persona como si estuvieses hecho de la **luz de las estrellas**.

HAPPY, FREE, CONFUSED AND LONELY IN THE BEST WAY ☆

Capítulo 5
1989

We are all literary chameleons and I think it's fascinating. It's just a continuation of the idea that we are so many things, all the time. And I know it can be really overwhelming figuring out who to be, and when. Who you are now and how to act in order to get where you want to go. I have some good news: It's totally up to you. I also have some terrifying news: It's totally up to you.[7]

Taylor Swift en la ceremonia de graduación de la Universidad de Nueva York en 2022

[7] «Todos somos camaleones literarios, y creo que es fascinante. Es una continuación de la idea de que somos muchas cosas a la vez. Y ya sé que puede resultar muy abrumador intentar averiguar quién tienes que ser y cuándo. Quién eres ahora y cómo debes actuar para llegar adonde quieres llegar. Tengo una buena noticia: depende completamente de ti. Y también tengo una noticia espeluznante: depende completamente de ti».

BABY WE'RE THE NEW ROMANTICS

the best people in life are free

Los nuevos comienzos siempre son emocionantes, ¿verdad? Cuando sabes que ha llegado el momento de caminar a paso firme por un terreno desconocido, de descubrir nuevas oportunidades que podrían cambiarte la vida y que quizá te harán tomar una dirección que no habías planteado en tu hoja de ruta y que te hará aprender grandes cosas. Aunque no todo son fuegos artificiales, claro. También es normal que los nuevos comienzos a veces nos cueste recibirlos con los brazos abiertos, pues, a pesar de ser prometedores, pueden resultarnos igualmente aterradores: como cuando te das cuenta de que quizá lo que estás estudiando no te convence del todo, o que ese trabajo con el que siempre habías soñado, y para el que te preparaste durante años a base de sacrificios, no ha cumplido tus expectativas y quieres dejarlo —pero, claro, estás ahorrando o tienes un alquiler que pagar que no atiende a tus lamentos existenciales—. Y, cómo no, tal vez esa relación que siempre cuidaste al detalle porque pensabas que duraría para siempre se haya acabado y tengas que dejarla ir y encontrar a otra persona entre las caras desconocidas de una nueva ciudad.

A veces, cuando se te presenta la oportunidad de dar un giro de ciento ochenta grados, es inevitable que te aparezcan pensamientos en la cabeza que son difíciles de apaciguar:

«Entonces ¿todo lo que he hecho hasta ahora no ha servido para nada?».

«Si quiero empezar a hacer algo nuevo, ¿la gente pensará que nunca he tenido las cosas claras?».

«¿Y si estoy a punto de equivocarme?».

La idea de dejar atrás lo que ya conoces y empezar un nuevo capítulo de tu vida —«*Next chapter*»— siempre se te hará más cuesta arriba de lo que te gustaría.

And it said
"Welcome to New York"

> *Sin embargo, es importante aprender a marcharse de aquellos lugares en los que no encuentras lo que necesitas, pues quedarte en ellos te acabará dejando una sensación de insatisfacción irreparable. Porque no te arriesgaste. Por lo que podría haber sido y nunca fue.*

Si te lo propones, podrás llegar a nuevos lugares. Si te lo propones, podrás ser la persona que siempre has soñado ser.

Pero, para que eso ocurra, primero tienes que conocerte a ti mismo.

El milagro de que un disco como *1989* se materializase en algo real, una era tan nueva y diferente como nunca habíamos visto hasta entonces, fue posible porque Taylor sabía perfectamente quién era cuando estaba componiendo este álbum y el momento en el que se encontraba.

Como decíamos al principio, ya desde su álbum debut, el alma de cada una de sus canciones escondía a una cantautora; una persona que, a través de las historias y su visión del mundo y de las relaciones humanas, encontraba ese punto de conexión con sus seguidores, quienes utilizaban sus letras como un refugio personal desde el que procesar sus propias emociones. Sin embargo, hubo un momento en el que ese camino que llevaba casi diez años recorriendo se bifurcó hacia otra dirección, que, como anticipamos por sus últimos pasos, de cierta forma era inevitable. Todas las dudas se disiparon, según ella ha contado en alguna ocasión, la noche de 2014 en la que *Red* perdió el **Grammy a Álbum del Año** frente a *Random Access Memories*, de Daft Punk —o, como muchos de vosotros conoceréis, el icónico momento en el que Taylor y su equipo hicieron el amago de levantarse de las butacas del Staples Center de Los Ángeles creyendo que habían ganado frente a ese *Reeeandom Access Memories*—.

> *Esa noche todos fuimos Taylor. Todos nos emocionamos durante un instante pensando que el premio era suyo, que se le otorgaría el broche de oro a uno de los discos más queridos en el fandom, un disco que había ayudado a sanar corazones rotos y nos había convencido lo suficiente como para darle una nueva oportunidad al amor a pesar de las constantes decepciones.*

Y, para añadir una más a la colección, tuvimos que ver cómo ese galardón se nos escurría de las manos a cámara lenta. La sensación fue casi tangible, como si, una vez más, la línea entre la artista y el *fandom* se desdibujase por completo a través de una pantalla.

La suerte fue que Taylor, lejos de ignorar el resultado de esa gala y continuar su carrera publicando una nueva hermana de *Red*, se animó a abrir esas puertas que la conducían directamente a la pasarela de la música pop. Y es que aquí reside uno de los momentos más evidentes para entender esa necesidad de tener la aprobación de los demás que a Taylor tanto le ha preocupado a la hora de dar un nuevo paso en su carrera. Al menos, hasta entonces: «Todo lo que decido hacer en mis álbumes lo hago pensando en que os gustará», decía en la presentación de *1989* que mencionaremos más adelante.

En más de una ocasión he leído o escuchado que alguien tacha a Taylor de «calculadora», de ser una artista que trata de complacer a todo el mundo. De satisfacer ese baremo invisible que el público y la crítica dibujan sobre ella. Sin embargo, esta idea me resulta un tanto divertida. Al fin y al cabo, ¿quién no busca el aplauso de los demás cuando hace algo nuevo? ¿Quién no piensa: «Ojalá esto guste», «Ojalá me pongan buena nota», «Ojalá todos sonrían cuando termine de hablar»? Es normal que estos pensamientos te pasen por la mente, porque el aplauso ajeno nos genera una sensación de aprobación inmediata; porque nos indica, de forma directa y exacta, que estamos yendo por el buen camino cuando a veces no sabemos del todo si lo estamos haciendo bien. Y, aunque más adelante veremos que es fundamental que aprendamos a vivir sin la aprobación de la gente, resulta complicado ignorar los comentarios de los demás en un mundo hiperconectado, pues ya en 2014 recibir la opinión de un desconocido resultaba más sencillo que nunca a causa del asentamiento de las redes sociales en el núcleo de nuestro día a día.

Así, tras el lanzamiento de *1989*, este álbum fue uno de los más comentados y aclamados en todo el mundo. Tenía a su favor tanto la opinión del público —que apoyaba la decisión de Taylor de ahondar de lleno en el pop más comercial— como la de la crítica profesional —que lo incluyó en los tops de mejores álbumes de 2014 en los medios musicales más importantes a nivel global—. Además, «recuperó» el premio a **Álbum del Año en la 58.ª ceremonia de los Grammy** y cerró un círculo personal que parecía que había quedado abierto con su anterior trabajo.

Esta era supuso un antes y un después, y me atrevería a decir que es la más importante de todas a la hora de comprender la figura de Taylor como artista en la actualidad. Tras esta era, la experimentación musical ganó un nuevo protagonismo y se convirtió en un elemento clave durante la espera antes de un nuevo lanzamiento. A partir de *1989*, los swifties nos preguntaríamos de forma recurrente cosas que antes no teníamos en un primer plano: ¿cómo *sonará* el próximo álbum?, ¿cómo será la *estética* que lo acompañe...? En definitiva, ¿de qué *color* será su nueva música?

En ese momento teníamos a una Taylor que se había bajado del Maserati para coger su jet privado y mudarse a una ciudad que siempre le había parecido diferente y, al mismo tiempo, le resultaba igual de inspiradora: **Nueva York**. Se cortó el pelo y se despidió de parte de la banda que siempre la había acompañado para cambiar los instrumentos más orgánicos por sintetizadores ochenteros. Esa es la primera vez en la que Max Martin y Shellback aparecen como principales colaboradores de un álbum de Taylor —después de la primera toma de contacto en *Red*— y dieron forma a algunos de los éxitos más destacables de *1989*, un álbum donde acompañamos a Taylor en un viaje a la ciudad que nunca duerme. En él, había lugar para emocionarse con los nuevos comienzos que nos esperan cuando nos atrevemos a caminar en otra dirección (**«Welcome to New York»**), para reírse de una misma y de las crecientes opiniones negativas que los medios de comunicación volcaban sobre su figura y su vida privada («**Blank Space**» y «**Shake It Off**»), para reafirmar quién somos de forma irreverente y aceptarnos a nosotros mismos («**New Romantics**»), para romper lazos con esas personas que ya no merecen estar en nuestra vida («**Bad Blood**»), además de para diseccionar el duelo de una relación que acabó por el bien de los dos («**Out of the Woods**») y cuyo final fue lo que nos dio la fuerza necesaria para seguir adelante («**Clean**»).

¿Recordáis la primera vez que escuchasteis «**Shake It Off**»? Seguro que no fui el único que pensó: «¿Quién demonios es esta persona que tengo delante?». Taylor decidió plantarse en lo alto del Empire State Building en un *livestream* de Yahoo y ABC News y saludó con un: «*Hi, I'm Taylor! Welcome to New York*»,[8] haciendo referencia a la todavía desconocida canción de apertura de este álbum y dando la bienvenida a la nueva era como se merecía. Durante ese *livestream*, Taylor volvió a contar con swifties de todos los rincones del mundo, tanto *online* como presencialmente, para compartir con ellos sus noticias, presentar el videoclip de «Shake It Off» en directo —en el que se animaba a probar nuevos looks vanguardistas y perrear junto con un cuerpo profesional de bailarines— y desvelar la cubierta y el concepto de *1989*. A pesar de resumirnos que ahora era esa «chica pop» que habíamos ido vislumbrando cada vez con más claridad y que su sonido había cambiado, igual que ella, hay un detalle que remarcó cuando hablaba de la edición de lujo de este álbum y que, una vez más, nos conectaba con la Taylor de siempre.

Y es que, quizá como un recordatorio de que la Taylor que habíamos conocido hasta el momento no había desaparecido en absoluto, quiso ofrecernos tres notas de voz para dejarnos ver el proceso de composición de algunos de los temas del álbum.

Así, nos mostraba por primera vez «en directo» su faceta de compositora: ahí estaban las guitarras, los pianos sin arreglar y la magia de la improvisación a la hora

---

[8] «¡Hola, soy Taylor! Os doy la bienvenida a Nueva York».

de formar sus letras. Quitaba toda la producción, que a priori resultaba lo más innovador y atractivo de este álbum, y nos enseñaba su lado más desnudo y honesto. Porque Taylor, a fin de cuentas, seguía siendo Taylor. Y, al mismo tiempo, ya no era la de siempre.

Pero, antes de hablar un poco más sobre lo que nos podemos encontrar en *1989*, ¿cómo no iba a hacer un inciso para recordar su lanzamiento, una experiencia polémica a la par que emocionante? No era la primera vez que Taylor se enfrentaba a distintas filtraciones de su música en internet, pero quizá sí a un nivel tan abismal y, sobre todo, visible a través de las redes sociales. A esto hay que sumar el desconocimiento que aún había y las antiguas políticas que hacían —y todavía hacen, a pesar de los avances que se han logrado— que la música en *streaming* beneficiase mayoritariamente a servicios como Spotify, en lugar de mirar por el bien de los artistas. Es en este contexto cuando Taylor decide retirar todo su catálogo de este tipo de plataformas. De entrada parecía una maniobra suicida, a pesar de no ser la primera persona que lo hacía —Coldplay y Beyoncé ya pusieron el puño sobre la mesa al lanzar sus trabajos *Mylo Xyloto* y *Beyoncé* en iTunes para las personas que quisieran disfrutarlo digitalmente—, pero era innegable que esta nueva forma de consumo se estaba imponiendo en el mercado, y Taylor debía encontrar una manera de utilizar Spotify y plataformas similares como una herramienta que, de modo progresivo, ayudaría a dar visibilidad y hacer crecer de manera orgánica el público de cualquier artista emergente. Cerca de un año más tarde, con la creación de Apple Music, Taylor retomó ese asunto y publicó una carta icónica en la que hablaba sobre los derechos de los cantantes, compositores y productores a ser pagados justamente por las reproducciones en *streaming*. Alzó la voz para poner en valor tanto su trabajo como el de otros artistas en una posición menos privilegiada, quienes quedaban supeditados ante las decisiones de las grandes multinacionales que parecían dictar el futuro de la industria musical, y Taylor consiguió que aceptasen sus condiciones en tan solo veinticuatro horas.

Al contrario de lo que podría parecer en un primer momento —pues la única forma de disfrutar de la música de Taylor legalmente iba en dirección opuesta a lo que hacían el resto de los artistas del panorama pop—, fue una buena maniobra.

> Toda esta tormenta sirvió para que los swifties apoyásemos su decisión y tomásemos más consciencia del valor de su trabajo, y catapultó **1989** a vender más de un millón de copias en su primera semana, en una década donde el formato físico estaba experimentando su peor momento.

¿Cómo lo consiguió? No es algo que ocurriera de la noche a la mañana, sino que Taylor siempre había sabido comunicar el valor de su trabajo, sus letras y sus historias a lo largo de su carrera. Algo que también cobraría especial relevancia años más tarde con el proyecto de las regrabaciones que comentaremos en otro capítulo más adelante. Comprendimos que ella no consideraba justo el acceso «gratuito» a la música en *streaming* —lo entrecomillo porque la moneda de cambio es el consumo de publicidad, por lo que realmente no es «gratuito» como sí lo son las bibliotecas u otras asociaciones sin ánimo de lucro—, y así acatamos sus intereses. Porque en lugar de concentrar los esfuerzos en criticar a aquellos que pirateaban su trabajo para consumir su música, Taylor supo hacernos sentir como una pieza esencial del puzle para tratar de cambiar una situación que la incomodaba tanto a ella como a muchos otros artistas de la talla de Adele, quienes se sumaron después a esta iniciativa.

Esta decisión hizo que hubiera que focalizar todos los esfuerzos de venta de *1989* en el formato físico, que, como hemos señalado, no pasaba por su mejor momento. Recordemos que estamos en pleno 2014 y prácticamente todo el mundo accedía a la música a través de Spotify y plataformas similares, así que había que convencer al público general para desembolsar casi veinte euros en un disco que no podías reproducir instantáneamente en un teléfono u ordenador. ¿Cómo es posible que llegase a vender más de un millón de copias en su semana de lanzamiento, que sostuviese una cifra que ya había alcanzado con *Red* y con *Speak Now*, a pesar de que el paisaje había cambiado respecto a los años de publicación de sus anteriores álbumes?

En las tiendas se distribuyeron diferentes lotes de discos de la edición de lujo, y cada lote contenía una serie de trece fotografías **Polaroid** distintas. Si querías reunirlas todas, tenías una misión complicada por delante: comprar repetidas veces el álbum —a ciegas, pues no había forma humana de saber a qué lote pertenecía la edición que estabas comprando— y rezar para que, al romper el envoltorio de plástico, el paquetito de fotografías fuera diferente al anterior. Además de instantáneas de Taylor en el período en que compuso el álbum, en las fotos también podíamos ver parte de las letras de las canciones. Y si observamos las imágenes con más detalle a día de hoy, vemos a una Taylor más misteriosa que nunca y un tanto solitaria, tras su pintalabios rojo y sus trajes de chica de ciudad. Con esta estrategia de los diferentes lotes, la música encontraba un punto de unión con el *merchandising*: un producto que dejaba de ser un disco al uso para convertirse en un objeto de coleccionista, una búsqueda del tesoro.

Y así hemos llegado, damas y caballeros, a la primera gran maniobra de marketing de los lanzamientos de Taylor, la atención por el detalle y lo que supone el buque insignia del éxito comercial de las ediciones físicas de una artista en la era digital. Se trata de un punto admirado por muchos e igualmente criticado. ¿De verdad hay necesidad de tener varias veces la misma edición de un disco? ¿Por qué estoy ayudando a una artista millonaria a hacerse cada vez más rica? Aunque no tengo una respuesta clara a estas preguntas, me parece interesante ver que algunos swifties estaban dispuestos a hacerlo —conozco a más de una persona que se encargó de recolectar todo el conjunto de fotografías, intercambiándolas como los cromos que coleccionábamos en el cole—. Y si esto lo hubiera hecho otro artista, quizá no habría salido tan bien, ni continuaría funcionando hoy en día, pues Taylor ha seguido la misma estrategia para el relanzamiento de *1989 Taylor's Version*.

Porque su equipo y ella vieron que, gracias a la relación de confianza que habíamos tejido a lo largo de los años con ella, estábamos dispuestos a ser partícipes de la gincana que nos proponía —aunque a nuestras cuentas bancarias, y las de nuestros padres, quizá no les hacía ninguna gracia—.

Lo visual también cobra un espacio más destacado. Entre los videoclips de esta era se encuentran algunos de los mejores de toda su carrera, y, además de aportar una marcada identidad visual que cada vez era más demandante para llamar la atención en el panorama pop, servían para continuar enseñando distintas facetas de Taylor y su constante ambición por demostrar que era capaz de reinventarse, algo que también se trasladó al **1989 World Tour**, con el que recorrió un sinfín de ciudades. Además, en cada una de sus fechas, durante **«Style»** sacaba al escenario a desfilar a diferentes *celebrities* y también invitaba a cantantes, de los cuales interpretaba versiones conjuntamente en directo. Es en este foco de luces y brillos donde veíamos el aparente respaldo por parte de la crítica y del público general hacia su figura: aparte de subir al escenario a algunas de las personas más influyentes del mundo del espectáculo, con las que parecía compartir una buena relación, también la fotografiaban junto con supermodelos, actrices y otros artistas en restaurantes y en diferentes rincones del mundo. Así se creaba una visión, como hizo ella misma en el videoclip de **«Bad Blood»**, de que toda la gente estaba de su parte. Y, para asombro de todos los presentes, incluso aquel *feud* con Kanye West que se había iniciado en 2009 llegó a su fin tras una reconciliación, de la que hacían gala tanto en su vida privada como en algunas entregas de premios, donde los fotografiaron juntos en actitud amigable. Parecía haber forjado alianzas con personas que le cubrían las espaldas desde diferentes flancos, como cuando llegabas al comedor del instituto y la gente popular te dejaba sentarte con ellos y sonreían mientras tú les contabas todo sobre ti, pensando que habías llegado al lugar que buscabas desde que empezaste.

Era un sueño hecho realidad para cualquier persona que al recibir el aplauso de los demás ve menguadas sus más profundas inseguridades. Lo que, de algún modo, hizo inevitable lo que ocurrió a continuación.

Aquel volumen de éxito y exposición entrelazados con las amistades retratadas en todos los medios —que acabaron siendo efímeras— terminó pasándole factura a su reputación. El mundo de las *celebrities*, como el mundo de la gente influyente, funciona un poco así: un día estás de moda, todos te admiran y puedes sentirte seguro siempre y cuando no te salgas del círculo que otros han trazado por ti, y al día siguiente algo se tuerce y tu visado hacia el inframundo empieza a tramitarse a tus espaldas sin que tú seas consciente de ello.

De pronto, del mismo modo que Taylor parecía que estaba dominando el mundo, gran parte de ese mundo y la opinión pública empezaban a odiarla categóricamente. La descalificaban por la cantidad de hombres con los que había salido, hacían comentarios sobre su cuerpo, y en el ojo del huracán estaban las relaciones interpersonales y públicas que iban solapándose. Todos los neones que se iluminaban al comienzo de la era de *1989* acabaron consumiéndose en grandes llamaradas, y **el castillo que había construido se derrumbó de la noche a la mañana**.

Y nosotros nos quedamos con un sabor amargo en los labios al contemplarlo todo. Taylor se sumergió entonces, muy poco a poco, en una etapa de oscuridad absoluta en la que tuvo que pasar un largo tiempo aprendiendo a mudar la piel, en lo que parecía conformar el abismo al que su carrera se adentraba peligrosamente.

Capítulo 6
reputation

my
reputation's
never been worse, so
you must like me for me.

And in the death of her reputation, she felt truly alive.[9]

«Why She Disappeared», poema de Taylor Swift

[9] «Y, ante la muerte de su reputación, se sintió realmente viva».

¿Alguna vez te han apuñalado por la espalda? No literalmente, claro.

Creo que puedo adivinar la respuesta sin haber hablado nunca contigo. Sin embargo, me gustaría que también te preguntaras si en alguna ocasión alguien que creías que era tu amigo, una persona en la que pensabas que podías confiar, se ha dado la vuelta mientras tú te desangrabas en una etapa de la vida en la que lo único que esperabas era que estuviesen junto a ti para ayudarte a curar una herida.

Me aventuro, nuevamente, a adivinar la respuesta y decir que es así.

Vale, quizá esto último suena demasiado «dramático», pero… es que a veces al **drama le encanta estar presente en nuestra vida, ¿no crees?** Por eso nuestros amigos y seres queridos son esa parte tan indispensable de la vida que hace que el día a día sea más llevadero cuando atravesamos momentos difíciles. Y, cuando tienes la sensación de que algo te supera, sabes que puedes coger el teléfono para hablar con ellos y que ellos se plantarán en la puerta de tu casa para comerse contigo todo el helado que tienes guardado en el congelador para las emergencias.

> *Por esta razón es tan importante saber distinguir quién está de tu lado y quién no. Con quién deberías aprender a compartir tus éxitos para que, cuando llegue el turno de la derrota, también se queden contigo para darte el empujón que necesitas.*

Y recuerda que encontrar luz en la más absoluta oscuridad siempre resulta difícil, pero nunca debes dejar de seguir buscando.

Después de habernos encontrado a nosotros mismos entre los neones de la gran ciudad disfrutando de la deliciosa era que fue *1989*, los swifties continuábamos celebrando la consagración de Taylor en la industria de la música pop, un éxito del que nos sentíamos parte: gracias al constante apoyo durante los años, tras haber construido paso a paso una fuerte relación con ella y haber aceptado la evolución

natural de su sonido, nuestra artista favorita había llegado a todos los rincones del mundo, había conseguido su segundo Grammy a Álbum del Año y había hecho algunos movimientos que cambiarían para siempre el escenario de la industria musical con los servicios de música en *streaming*.

Quizá fue esta euforia colectiva lo que hizo que, al mismo tiempo, nadie pudiera predecir lo que vendría a continuación: **el gran apagón**. Porque esta era comienza exactamente así, con un gran apagón que dio lugar a uno de los regresos más recordados de la historia del pop de los últimos años. Y, como muchos swifties afirmarán, a la mejor era de Taylor hasta la fecha. **¿Estáis listos para ella?**

«I would very much like to be excluded from this narrative, one that I have never asked to be a part of, since 2009».[10] Estas fueron las palabras que Taylor publicó en su perfil de Twitter en julio de 2016 después de sufrir una enorme polémica causada nuevamente por Kanye West y su actual exmujer, Kim Kardashian, una de las *celebrities* más influyentes de Estados Unidos. La pareja grabó en secreto una llamada telefónica entre el rapero y Taylor, la manipularon y la difundieron mediante el Snapchat de Kim, y en la conversación este sinvergüenza quería que pareciera que Taylor había dado su consentimiento a que la llamara «puta» en una canción, que, además, fue acompañada de uno de los videoclips más terroríficos que se han producido en la década de los 2010, con réplicas de diferentes personajes desnudos acostados en una cama, entre los que yacía una copia de la propia Taylor.

Para echar más leña al fuego, una vez Taylor respondió en Twitter y acusó a la pareja de haber editado y tergiversado el vídeo de la llamada —que más tarde, en 2020, alguien filtró al completo y sin editar, demostrando así la inocencia de Taylor—, Kim Kardashian decidió meter el dedo en la llaga y publicar un tuit en el que, sin nombrar a Taylor, desacreditaba sus acusaciones y se mofaba de ella celebrando que era el **Día Mundial de la Serpiente**. Debido a la gran influencia de esta persona, aquello creó un efecto llamada, y tan solo unos minutos más tarde las redes de Taylor se llenaban de millones de comentarios de odio acompañados por el emoji de la serpiente.

[10] «Me encantaría que me excluyeran de esta narrativa, de la que nunca he pedido formar parte, desde 2009».

Como era de esperar, este caldo de cultivo terminó estallando por los aires.

> *Desde la perspectiva de un swiftie, costaba entender cómo Taylor había pasado de ser una artista tan aclamada por el público que había vuelto a arrasar en ventas y reconocimientos y había llenado decenas de estadios en todo el mundo con su última gira a sufrir de la noche a la mañana los efectos de la cultura de la cancelación a través de la etiqueta #TaylorSwiftIsOverParty, que llegó a ocupar la posición número uno a nivel mundial.*

Además, en un asunto en el que cualquiera, si se detenía a ver lo que había ocurrido, podría ver que en realidad Taylor estaba diciendo la verdad.

Esto, mejor que yo, lo explica ella misma en el documental *Miss Americana*: «*When people fall out of love with you, there's nothing you can do to make them change their mind. They just don't love you anymore*».[11] Y es que, tras *1989*, podemos afirmar que asistimos al entierro de Taylor como figura pública. Mucha gente quería verla caer desde hacía demasiado tiempo. Algo hizo clic, vaticinando que le llegaba el turno de experimentar lo que otras tantas figuras del pop habían vivido previamente. Todas las piezas encajaron en el momento idóneo: los millones de seguidores del matrimonio de mentirosos hicieron de las suyas en internet, la prensa aprovechó la situación para recargar las balas y conseguir titulares jugosos que daban por muerta su carrera musical, y todas aquellas personas que se habían sumado a la fiebre de «Shake It Off» o «Blank Space» y que en ese momento, en lugar de entender el relato al completo, les fue más fácil leer aquellos titulares y sumarse a un acto de humillación pública con el que ganar interacciones en las redes sociales. Por supuesto, cabe añadir que gran parte de todas las «amistades» que Taylor había forjado durante la era de *1989* terminaron mostrando su verdadera naturaleza

[11] «Cuando alguien se desenamora de ti, no puedes hacer nada para que cambie de opinión. Sencillamente, ya no está enamorado de ti».

de espejismos. Porque cuando Taylor estaba en la cresta de la ola, todas las celebridades de Estados Unidos que habían interactuado con ella querían estar ahí: querían recorrer la pasarela del 1989 Tour durante la actuación de «Style», participar en el videoclip de «Bad Blood» y fotografiarse junto a ella en cada rincón de Nueva York, construyendo una imagen idílica. No obstante, a la hora de la verdad, Taylor se quedó prácticamente **sola** ante una crisis de reputación sin precedentes.

Si bien Taylor nunca ha sido una persona que haya querido hablar de su vida privada, ante esta situación tan extrema todo el mundo estaba esperando su alegato para poner un poco de orden entre todo el caos que ardía a su alrededor: una cadena de tuits, un vídeo explicando su verdad, una entrevista con Oprah Winfrey en maldito *prime time*… De alguna manera, la gente creía que Taylor seguiría con el juego que los medios de comunicación esperaban desde el principio. Sin embargo, ¿recordáis que he dicho que Taylor no nació para ser una estrella del pop, sino que terminó convirtiéndose en una de forma natural? Este es uno de los momentos de su carrera que creo que lo reafirman con más fuerza. Pues lejos de dar más explicaciones, después de alegar a través de sus redes sociales que estaba siendo víctima de una mentira viralizada, Taylor hizo algo que resultaría pionero y supuso una nueva estrategia de marketing que otros tantos artistas replicarían posteriormente: decidió desaparecer del ojo público durante un año para poner en marcha todos los mecanismos y componer su sexto álbum de estudio. **Y nadie la vio físicamente durante un año**.

Recuerdo que, como swiftie, vivir aquella época de sequía de contenido fue algo desconcertante. Al fin y al cabo, veníamos de ver su rostro en las revistas más importantes del mundo de forma casi diaria y de seguir cada uno de sus pasos a través de las redes sociales, y de pronto Taylor se ponía una coraza por primera vez y resultaba imposible verla en ninguna parte.

De hecho, he de admitir que tenía un punto divertido —y surrealista— ver cómo se ocultaba de los paparazzi cada vez que trataban de fotografiarla: dentro de un paraguas negro, caminando hacia atrás rodeada de un grupo de guardaespaldas o, la favorita de todos los swifties, cuando se metió en una maleta y su equipo la transportó para entrar y salir de su piso.

Y entonces, como augurábamos hace unas líneas, llegó el **gran apagón**. Una técnica de marketing que Taylor acuñó y que en la actualidad muchas otras celebridades replican para anunciar un próximo lanzamiento. Borró todas sus publicaciones de las redes sociales y cambió sus fotos de perfil por un fondo negro. **Todos los mentirosos decían que ella también lo era**, así que había llegado el momento de exponer su verdad.

El 21 de agosto de 2017, Taylor subió a su cuenta de Instagram la primera de tres publicaciones que conformaban una **serpiente** en actitud de ataque y vaticinaban el comienzo de su era más oscura. Días después, **«Look What You Made Me Do»** dio el pistoletazo de salida, y el resto es Historia, con mayúsculas: la antigua Taylor había muerto.

Creo que nunca habíamos estado igual de nerviosos que el día en el que vimos el videoclip de un *single* que nos presentaba a una Taylor diferente, rabiosa y con ganas de prender fuego a todos aquellos que habían querido verla arder. Pero... ¿lo había hecho realmente? ¿Los swifties íbamos a encontrarnos en esta era a una persona diferente a la que conocíamos?

Pues sí y no, todo al mismo tiempo.

reputation nos presentaba un concepto claro y directo, la respuesta a toda aquella situación que parecía que la había sobrepasado desde el lugar en el que había reunido las fuerzas para recuperarse: la música. Porque su mente de cantautora hizo lo que mejor sabía hacer: se encargó de que el disco diera todas esas explicaciones que la gente buscaba en ella. Durante toda la era no concedió prácticamente ni una entrevista para promocionar *reputation* en ningún medio. Para más inri, el álbum en sí lo presentó en un formato de lujo como si fuese una revista, dividida en dos volúmenes, que contenían las letras de las canciones escritas de su puño y letra —enfatizando la idea de que serían lo único que comentaría al respecto—, titulares llenos de ironía, la sesión de fotos que preparó para el disco y un par de poemas que daban un mayor contexto desde un lugar más personal que musical: «Why She Disappeared», donde explicaba cómo había procesado el duelo de la muerte y entierro de su reputación, e «If You're Anything Like Me», texto en el que mostraba sus inseguridades y las luchas internas con las que batallaba en su cabeza, comparándose directamente con los swifties, acercándose a nosotros y mostrando un lado vulnerable que, tras escuchar el disco, entenderíamos que era lo que en realidad nos quería compartir en estas canciones.

Es cierto que *reputation* tiene una parte llena de oscuridad que ya se podía entrever en los *singles*. El veneno y la rabia de «Look What You Made Me Do» como carta de presentación del disco fue toda una declaración de intenciones, el cañero «... Ready For It?» nos advertía del tono electrónico y agresivo que recorrería el ADN del álbum, y, más tarde, en «End Game» escuchábamos a Taylor rapear por primera vez —recuerdo GRITAR la primera vez que escuché esta canción, por cierto, y creo que está tristemente infravalorada— mientras decía que «enterraba las hachas pero guardaba mapas de dónde las había puesto» y que «se tomaba una copa en la playa con su chico mientras este no podía quitarle las manos de encima». Taylor se deshacía de la imagen más complaciente que había tenido que mantener hasta el momento, y al mismo tiempo rompía con el lastre impuesto por Big Machine Records y la sociedad estadounidense de ser «la chica modelo» para sus fans, la artista que tenía que demostrarle a todo el mundo el mayor nivel de perfección que se esperaba y exigía de ella. Sin embargo, a pesar de esta rebeldía por su parte y las ganas de volver al ring, creo que todos nos llevamos una sorpresa al comprobar que *reputation* resultó no ser el álbum de venganza que todos esperábamos. Y esto lo anticiparon de primera mano, como no podía ser de otra forma, los swifties.

Tres días antes del lanzamiento del álbum, Taylor subió un vídeo a su canal de YouTube donde nos mostraba que había elegido a quinientos fans para escuchar el disco en primicia… ¡ni más ni menos que en su propia casa! Lo que ella misma bautizó como las *«reputation secret sessions».* Y, aunque ya hemos aprendido que el público considerará como una maniobra más de marketing cualquier acción que haga, en estos detalles los swifties vemos eso que Taylor ya hacía desde el inicio de su carrera, el interés que muestra nuestra artista favorita al dar la oportunidad a algunos de nosotros para entrar en su hogar, el lugar donde cualquier persona se siente a salvo, y traspasando así la distancia que pueda haber entre un fan y una estrella del pop. Algunas de las declaraciones que vimos en ese vídeo de tres minutos resumían que el álbum «era muy diferente, pero también muy Taylor».

Y es que el 10 de noviembre de 2017 descubrimos que reputation no era solo una colección de canciones que respondían a todo lo que había ocurrido a raíz de su hundimiento público, sino el refugio en el que Taylor había tenido que ocultarse durante un largo tiempo —nunca había tardado tanto en lanzar un nuevo disco— para evitar consumirse por las llamas que se habían extendido a su alrededor.

En él encontrábamos momentos llenos de ira referenciando a las personas que la habían lanzado sin piedad a la hoguera («**I Did Something Bad**»), temas llenos de sarcasmo burlándose directamente de lo ocurrido en la llamada telefónica manipulada («**This Is Why We Can't Have Nice Things**») e incluso una canción que ponía la última piedra a una de sus relaciones más turbulentas y comentadas de los últimos años («**Getaway Car**»), pero también vimos a una Taylor más vulnerable que nunca navegando en aguas tormentosas después de haberse convertido en una de las celebridades más odiadas a nivel global. Porque, más allá de todo esto, en el resto del álbum nos narraba que había encontrado a una persona que la había ayudado a drenar todo ese veneno, rabia y negatividad con los que uno naturalmente mira al mundo cuando este le da la espalda.

Pocas canciones de su discografía son —y suenan— tan dulces como «**Delicate**», en la que Taylor se entrega a los brazos de otra persona a pesar de estar atravesando un mal momento y saber que nadie querría acercarse a ella; tan íntimas como «**Dress**», donde demostraba su lado más sensual hasta la fecha, ni tan vulnerables como «**Call It What You Want**», en el que menciona a un grupo de mentirosos que habían intentado acabar con todo lo que ella había construido durante tanto tiempo.

¿Alguien por aquí ha trabajado alguna vez en un proyecto personal con ilusión? En mi caso, he compartido fragmentos de este libro con algunas personas de confianza y siempre valoro su opinión más que cualquier otra. Porque, claro que es genial contar con personas a las que les gustes y que les encante el trabajo que haces, pero es importante recordar que no todo el mundo querrá lo mejor para nosotros. Que hay que aprender a discernir quiénes son tus amigos, los que te quieren ver crecer y ser feliz.

Y es que el secreto para sobrevivir a una era como *reputation*, como Taylor concluye en «**New Year's Day**», reside precisamente en pensar que a veces pasamos por momentos terribles en la vida, pero, con el tiempo y el apoyo de los que merecen compartir tu día a día, esa oscuridad se acaba desvaneciendo por completo.

My castle crumbled overnight. I brought a knife to a gun fight.

Capítulo 7

Lover

Do not let anything stop you from making art, just make things. Do not get so caught up in this that it stops you from making art. Or if you need to make art about this but never stop making things.[12]

Taylor Swift entrevistada por Zane Lowe para Apple Music

[12] «No permitas que nada te impida crear arte. Crea cosas. No te agobies tanto con algo hasta el punto de que te impida crear arte. O, si lo necesitas, crea arte sobre ese tema, pero nunca dejes de crear cosas».

you're
my,
my, my,
my,
LVER

E–N–A–M–O–R–A–D–A.

Qué divertido es deletrear, ¿verdad?

Estaremos de acuerdo con que «encontrar el amor» es una de las cosas en las que más nos empeñamos cuando no lo tenemos. Y, al mismo tiempo, más nos cuesta conseguirlo si tratamos de dar con él. Como cuando de pequeños nos tapaban los ojos para que golpeáramos una piñata, pero nos daban tantas vueltas que al final no sabíamos hacia dónde caminar para liberar los caramelos que había dentro y comérnoslos.

Existen innumerables teorías y estrategias que creemos que nos ayudarán a «encontrar el amor de verdad». Intentamos descubrir la fórmula para conseguir algo que nos obsesiona y que parece que todo el mundo tiene, menos nosotros. Para los interesados, comparto unas cuantas a continuación:

- Los más románticos piensan que el destino lanzará unos dados y hará de las suyas. Así, en el momento y lugar perfecto, aparecerá esa persona con la que llevan soñando toda la vida. Podría ser en la cafetería donde se toman un café cada mañana, al ir a devolver un libro a la biblioteca o bailando en la oscuridad de una discoteca. Tienen que estar atentos, porque tan solo es cuestión de observar el entorno para descubrir cuándo aparece esa persona y hablar con él o ella.

- Otra forma —menos romántica, desde luego, aunque mucho más práctica— son las famosas aplicaciones de citas. Este método es especialmente útil si lo que quieres es estudiarte a la otra persona como si fuera un examen antes de quedar con ella por primera vez: anticiparte a descubrir su color favorito, su profesión, si es más de perros o gatos... ¡e incluso cuántos hijos quiere!

- Los drama queens de la vida piensan que el amor es algo con lo que solo pueden fantasear y que jamás les ocurrirá a ellos. Nunca. Siempre estarán solos, como una bolsa de plástico que es arrastrada por el viento y quiere volver a empezar.

- Y también están las personas que lo intentan una y otra vez y persiguen el amor como si fuera una mariposa, pero, cuando intentan atraparla con una red, esta siempre encuentra un hueco por el que escapar.

Me encantaría tener la fórmula secreta para compartirla con todo el mundo, pero no es así. Sin embargo, me da la sensación de que, al buscar a la persona «correcta» con quien compartir nuestro yo más vulnerable, tendemos a fijarnos más en todas esas cosas que dan forma a su personalidad («¿Lee los mismos libros que yo?», «¿Es capricornio?», «¿Le gusta veranear en la playa o es más bien una persona de montaña?»), en lugar de centrarnos en si nosotros mismos estamos realmente preparados para disfrutar de la compañía de otra persona. Sí creo que el amor puede aparecer en cualquier momento, pero quizá no siempre sea el indicado para sacarle provecho.

Hay etapas en las que uno tiene que aprender a sanar las heridas antes de comprometerse emocionalmente con los demás. Porque, cuando somos amables con nosotros mismos, encontramos la redención que nos hace falta para hacer frente a una nueva etapa. Una que puede ayudarnos a salir de la oscuridad en la que estábamos sumidos.

Lover:

el álbum con el primer *single* más detestado injustamente por los swifties.

Lover:

la era más dulce. Tan dulce que hasta puede llegar a empalagar a algunos.

Lover:

qué bien le sienta a Taylor estar enamorada y restregárnoslo por la cara sin ningún pudor.

Pero antes de hablar de lo que para mí es uno de los momentos más bonitos de su carrera, tenemos que recapitular para entender el nacimiento de la era más edulcorada tras la inigualable gira de *reputation*. En ese tour había quedado patente que Taylor le había dado la vuelta a las mentiras que se habían dicho de ella y había convertido esa gira en la tercera más recaudadora de la historia de la música por aquel entonces. A pesar de que todo este éxito ayudase a Taylor a volver al tablero de juego, como swiftie siempre me ha resultado un tanto extraño revisitar este período de su carrera porque no quita que tuvo que enfrentarse a una oleada de decepciones, con un acoso masivo por parte de la prensa y del público general.

Y, como fan, lo único que quería en aquel momento de transición era ver cómo arrojaba algo de luz sobre ese mar de oscuridad en el que nuestra rubia favorita había estado sumergida durante demasiado tiempo. Y vaya si lo hizo.

En *Lover* todo empezó con varios murales callejeros de unas grandes alas de mariposa que coronaron diferentes ciudades de todo el mundo. Con nuestros radares detectivescos en estado de alerta, tuvimos claro que el regreso de la reina era inminente. Y cuando sacó «ME!» como primer *single*, en el videoclip veíamos una explosión de colores pastel que rellenaban ese blanco y negro que solemnizaba la portada de *reputation* y una serpiente que terminaba transformándose en un gran grupo de mariposas. Enseguida supimos que algo había cambiado en la vida de Taylor. Como si se hubiese liberado de unas cadenas y ahora **baila sin tener las manos atadas**.

Así podríamos resumir *Lover* en pocas palabras: como un disco divertido, luminoso y, además, caótico. Un abanico de canciones pop y baladas, en el que nos mostraba claramente que se encontraba en su particular luna de miel creativa; un recorrido de todas las facetas y formas del amor en lo que era, hasta el momento, su trabajo más extenso. Empezaba con **«I Forgot that You Existed»**, donde comprendíamos que había pasado página de sus encontronazos con Kanye y Kim, y continuaba con temas como «Lover», «Paper Rings» o «London Boy», donde dejaba claro que la relación con su nueva pareja la estaba llenando de felicidad y que la estaba disfrutando plenamente. Al mismo tiempo, supo expresar el miedo que le daba pensar que aquel nuevo refugio pudiera desaparecer («Cornelia Street») o que se viera en peligro por sabotearlo ella misma, como admite en la confesional «Afterglow». También vemos un recorrido introspectivo de sus inseguridades en «The Archer», la quinta canción del álbum. Como hemos mencionado antes, los «track 5», como acuñamos los swifties, son famosos por una teoría que dice que, de forma inconsciente, ella siempre reservaba esa posición en el *tracklist* para poner el corazón del disco, y más tarde la propia Taylor escuchó nuestra teoría y la incorporó en sus siguientes álbumes. Es una canción con un elemento diferente, con sensibilidad especial, con la que los swifties conectamos más fácilmente en la primera escucha y que anticipamos con cada nuevo lanzamiento, como ya habíamos hecho antes con «Cold As You», «White Horse», «Dear John», «All Too Well», «All You Had to Do Was Stay» y «Delicate».

A menudo existe la concepción —en mi opinión, errónea y terriblemente romantizada en el mundo del arte— de que los artistas trabajan mejor si están más tristes e infelices. Aunque hay grandes álbumes compuestos por artistas que no estaban atravesando el mejor momento de su vida —a primeras, se me vienen a la cabeza *Back to Black*, de Amy Winehouse; *Badlands*, de Halsey, y, más recientemente, *Sour*, de Olivia Rodrigo—, creo que la tristeza no es una sensación en la que ninguna persona quiera verse sumergida para extraer arte de ella, sino que la música es la respuesta natural de un artista para sobrevivir a ese dolor y atravesar esa inevitable etapa, como vemos en la delicada balada «Soon You'll Get Better» en la que Taylor, acompañada de The Chicks, compartía con nosotros la noticia de que su madre, a quien ya le había dedicado más de un tema en su discografía, había recaído en lo que era una larga batalla contra el cáncer. Personalmente, es una canción que no puedo escuchar y disfrutar, a pesar de lo bonita que es.

Lover es la prueba musical de que no hay nada mejor para una cantauto-ra que sentir que ha alcanzado la estabilidad, estar en un lugar feliz ex-perimentando su tema favorito tras haber encontrado un amor que no quema, como pensaba hasta entonces que tenía que ser, sino que le hace ver todo lo que tiene a su alrededor desde un prisma de esperanza.

Como plasma en «**Daylight**», el corte final y una de las mejores canciones de su discografía, Taylor quiere ser definida por las cosas que ama, no las que odia, ni las que le dan miedo ni las que la atormentan en mitad de la noche. Ella cree que, en el fondo, somos el resultado de todas esas cosas que amamos.

En el videoclip de la canción homónima que titula el álbum —la canción de boda por excelencia para los swifties desde su lanzamiento—, Taylor nos enseñaba todas sus eras previas en forma de una casa con diferentes habitaciones. Y hay un detalle curioso: el chico que representaba a su pareja accedía a la *buhardilla*, que simbolizaba *reputation*, para sacar a Taylor de allí y continuar su camino juntos. Y es que el amor no puede con todo, pero sí puede ser un motor que nos impulse a seguir adelante.

Sin embargo, a pesar del tono optimista que impregna muchos rincones de esta era, no todo era de color de rosa. En el disco también vemos por primera vez a una Taylor Swift reivindicando causas sociales, en canciones como «**The Man**», donde critica el doble rasero de la industria con las mujeres, y «**You Need To Calm Down**», con un mensaje abiertamente a favor del colectivo LGTBQ. Por cierto, en el videoclip de esta canción, que está repleto de artistas *queer*, asistimos al épico final del *beef* que había tenido durante años con Katy Perry porque esta supuesta-mente le había robado unos bailarines durante el desarrollo del Red Tour, pero fi-nalmente quedó arreglado cuando Katy le mandó a Taylor un ramo de olivo la primera noche del Reputation Stadium Tour en señal de ofrenda. Este primer paso de reivindicar causas sociales lo quiso llevar más allá de lo musical con el documental *Miss Americana*, donde reflexionaba sobre su trayectoria y hacía especialmente hin-capié en diferentes episodios de su vida de los que nunca había hablado, como la complicada relación que tenía con su cuerpo e imagen durante la era de *1989*, una guerra personal que siempre había llevado en secreto; la denuncia que interpuso contra David Mueller, un expresentador que la acosó sexualmente en 2013 en el *backstage* de un concierto y a quien únicamente pidió un dólar, simbolizando que no lo hacía por dinero, sino para visibilizar un problema que continúa enquistado en nuestra sociedad y que padecen millones de mujeres, y su interés en formar parte del cambio en las elecciones de Tennessee, que la llevó a animar a todos los swifties mayores de edad de ese estado a votar por el bando demócrata y logró desmentir los rumores de que se decantaba por el partido de Donald Trump. Mueller luego la demandó por difamación, alegando que había sido injustamente despedido por culpa de Taylor, aunque la demanda fue desestimada.

Y, por supuesto, es en esta era cuando oímos mencionar por primera vez un concepto con el que Taylor volvería a poner el puño sobre la mesa de la industria musical: las famosas regrabaciones de sus anteriores trabajos.

> *Un acontecimiento que para Taylor suponía jugarse toda su credibilidad como artista en función del resultado, pero, como ella misma auguraba, terminó siendo todo un éxito gracias al fandom sobre el que había construido su carrera.*

Lover era el primer disco que publicaba con una discográfica que no era Big Machine Records, el sello que había apostado por ella desde sus inicios bajo la dirección de Scott Brocheta. A él mismo le agradeció todo el esfuerzo que habían depositado en ella en el post de Instagram donde anunció que continuaría trabajando bajo el paraguas de Republic Records, sello perteneciente al grupo de Universal Music Group. En esa misma publicación contaba que, como parte de su acuerdo, había conseguido no solo que Republic Records accediera a mejorar las condiciones de reparto de royalties de las escuchas por *streaming* a todos los artistas de su catálogo, sino que ella pasaría a ser la dueña de los másteres de las canciones que sacase con ese sello. Esto es algo con lo que llevaba soñando mu-

cho tiempo, pues recordemos que no era más que una adolescente cuando firmó su primer contrato con Big Machine Records, y, a veces, cuando te dan una oportunidad tan importante como esta, hay detalles que pasas por alto y después ves que no todo es tan bonito como parecía.

En breves palabras, que el artista sea dueño de sus másteres supone que es él o ella, en este caso Taylor, quien tiene la última palabra a la hora de decidir cómo se explota comercialmente su música: ahora Taylor puede decidir si sus nuevos discos se publican en *streaming* y en qué condiciones, si una de sus canciones puede usarse para la campaña promocional de una película e incluso quién puede utilizar un *sample* de uno de sus temas para crear una canción propia, con la pertinente acreditación. Esto, *a priori*, no es algo que a los swifties nos «afectara» mucho, más allá de saber que este nuevo acuerdo suponía que Taylor sería la propietaria de los cientos de canciones que llevaba escribiendo durante años. Porque, a primera instancia, creíamos que ya era así.

Sin embargo, Big Machine Records, su anterior discográfica, decidió vender los másteres de Taylor a un mánager y empresario llamado Scooter Braun sin darle la oportunidad a ella misma de comprarlos. Taylor se vio obligada a denunciarlo públicamente en noviembre de 2019, porque estaba previsto que fuera galardonada como **Artista de la Década en los American Music Awards** e iba a hacer una actuación con diferentes canciones de sus anteriores discos, pero Scooter Braun no le permitía hacer uso de sus canciones. Por suerte, esto quedó solventado tras el apoyo que Taylor recibió de los cientos de artistas que salieron a respaldar sus palabras y gracias a que los swifties hicieron presión en redes sociales para evitar que este delirio siguiera adelante. Todo esto quizá resulte ajeno para aquellos que no trabajan en el mundo del arte, pero ¿qué sentido tiene pasarte toda la vida dedicado a *tu* trabajo si otra persona puede atarte de pies y manos cuando le parezca oportuno y hacer con tu arte lo que le venga en gana? Las reclamaciones de Taylor no solo hicieron que sus seguidores abriésemos los ojos, sino que el mundo entero pudo ver algunos de los patrones engañosos con los que la industria musical —entre otras— tratan de aprovecharse del trabajo de sus artistas sin tener en cuenta qué es lo que realmente buscan ellos, personas de la industria que solo ven números, cifras de ventas, y no un álbum o canción que cobra forma para hacer felices a millones de fans.

Por todo esto, durante una entrevista promocional de *Lover* en el programa **Good Morning America** en agosto de 2019 Taylor anunció que comenzaría a regrabar sus anteriores álbumes a partir de noviembre de ese año, y así sería la dueña de esos másteres. Durante el anuncio, ella misma dijo que sabía que para los swifties este nuevo proyecto era igual de importante que para ella. Al fin y al cabo, gracias a la gran conexión que compartíamos con las historias de sus canciones, sentíamos que ese movimiento rastrero por parte de su anterior discográfica también era una ofensa personal hacia nosotros. Si Taylor no hubiera trabajado esta relación con los swifties, si desde el principio no nos hubiera hecho ver que su rol como cantautora había definido todos esos momentos que conectaban con nuestra vida, esa maniobra habría sido en vano y habría demostrado que su base de seguidores, más allá de celebrar su música, no tenía ese grado de complicidad y de conexión con su trabajo que, de algún modo, lo hace nuestro.

Sin embargo, este proyecto no solo ha servido para reafirmar que el fandom de Taylor es uno de los más fieles y comprometidos con el trabajo de su artista, sino que ha sido toda una maniobra de marketing que le ha permitido presentar las anteriores eras a las personas que se han añadido a su base de fans más recientemente y que no habían disfrutado de ellas en su momento. Y así ha remarcado su legado y ha alcanzado una nueva cota de éxito.

Con esta etapa tan emocionante, llena de mariposas en el estómago y nuevas metas que alcanzar, de pronto una nube apareció en el cielo para llevarse la luz del día. Qué triste fue cuando todos teníamos la purpurina ya preparada, los *outfits* estilo Coachella listos para celebrar por todo lo alto el amor en el tour que Taylor tenía preparado para la presentación de **Lover** en directo, para cantar el puente de «Cruel Summer» a todo pulmón como si nos fuera la vida en ello…

Pero entonces llegó 2020.

Capítulo 8
folklore
evermore

YOU DREW
STARS AROUND
MY SCARS

I may not be able to go to the Lakes right now, or to go anywhere, but I'm going there in my head, and this escape plan is working.[13]

Taylor Swift, *folklore: the long pond studio sessions*

[13] «Tal vez ahora no pueda ir ni a los Lagos ni a ningún sitio, pero iré en mi cabeza, y este plan de escapismo me está funcionando».

El arte es un refugio al que podemos acudir siempre que necesitemos, y creo que no me equivoco al pensar que en 2020 muchos llamamos a su puerta para poder sobrevivir a todo lo que ocurrió cuando nos encerramos en casa durante tanto tiempo.

Aquella época solo puedo describirla como un largo paréntesis lleno de miedo e incertidumbre. Era muy difícil procesar toda la información que veíamos a diario en las noticias y atender a lo que se rumoreaba en los grupos de WhatsApp y las redes sociales, donde, como era lógico, el sentimiento de histeria colectiva crecía a medida que pasaban los días en los que permanecíamos entre cuatro paredes. Quizá por eso algunos de nosotros hemos bloqueado del cerebro aquel período, como un mecanismo de defensa que hizo que ahora sintamos aquellos largos meses como algo ajeno y lejano.

Sin embargo, para refrescar la memoria, aquí traigo una lista de cosas que sucedieron en millones de hogares de todo el mundo (y tal vez también en el tuyo):

Empezamos a hacer ejercicio (o, al menos, lo intentamos) con vídeos de youtubers dedicados al fitness.

Hacíamos pan y probábamos nuevas recetas como si fuéramos aspirantes a chefs de cocina. No sé vosotros, pero yo ya he vuelto a la panadería de mi barrio.

Hacíamos videollamadas con las personas a las que echábamos de menos e incluso veíamos películas con ellas simultáneamente y las comentábamos en directo.

Nos peleábamos por quién salía a *pasear al perro* para así notar la luz del sol en la piel durante unos minutos al día.

Y ¿por qué no? Nos replanteamos *qué queríamos hacer con nuestra vida* cuando todo terminase.

> En la pandemia estábamos hambrientos por encontrar estímulos que nos mantuviesen la mente ocupada. Y buscábamos historias que nos permitieran echar un vistazo más allá de las habitaciones que nos mantenían aislados de un mundo que se había vuelto irreconocible de la noche a la mañana, relatos que nos conectaran todos al mismo tiempo y en los que pudiéramos perdernos como si se tratara de un exilio personal.

¿Y qué es *folklore*, si no el universo que Taylor creó en su imaginación durante algunos de los meses más oscuros de nuestra vida?

El 27 de abril Taylor compartía en su Instagram una imagen con un pie de foto que se ha convertido en una de las frases más icónicas de su carrera: «*Not a lot going on at the moment*».[14] Cualquier swiftie que viese aquella publicación creo que la interpretó de la misma manera: ni siquiera Taylor tenía mucho que hacer durante el confinamiento. Porque, aunque ahora sabemos que sí es posible, entonces nos resultaba difícil concebir que una artista de su talla pudiera trabajar en nueva música aislada en su casa, sin acceso a estudios de grabación profesionales ni un equipo técnico en condiciones para sacar adelante las sesiones.

Y, sin embargo, tres meses después, supimos que solo había necesitado a dos personas clave: su ya colaborador habitual Jack Antonoff, y Aaron Dessner, uno de los integrantes de la banda The National, al cual Taylor admiraba y que ya estaba acostumbrado a trabajar en álbumes en remoto con el resto de los miembros de su banda. Así es como dio forma a un nuevo álbum llamado *folklore*, cuyo lanzamiento era inminente y que tenía en portada a Taylor adentrada en un profundo bosque. Fue tan solo un año después de *Lover*, que entonces aún saboreábamos con un recuerdo agridulce tras la cancelación a causa de la pandemia de los festivales de música en los que Taylor lo iba a presentar —¿alguien más por aquí tenía una entrada para uno de sus conciertos?—. Ahora nuestra rubia favorita volvía más

---

[14] «No está pasando gran cosa».

enigmática que nunca, con nada más y nada menos que un lanzamiento sorpresa.

A pesar de que Taylor ha sabido adaptarse a los nuevos requerimientos de la industria y a los cambios de consumo de música a lo largo de los años, siempre he defendido que sigue siendo una artista realmente clásica a la hora de trazar con su equipo la estrategia de promoción de un álbum, que es un ciclo que suele durar dos años, aproximadamente, y que incluye los mismos elementos. Primero un pequeño adelanto de lo que está por venir, donde siempre esconde algunos *Easter eggs* que crean *hype* y aumentan la interacción de los swifties con el producto, con lo cual logra una difusión orgánica de la noticia en redes sociales. Después hace el anuncio oficial de la cubierta del álbum y muy seguidamente lanza un primer *single* en el que vemos uno de los colores de la paleta que quiere presentarnos, acompañado de su correspondiente videoclip, que nos acerca al universo del disco. Meses más tarde, el álbum se publica a nivel mundial y Taylor sigue lanzando más sencillos para las radios, más videoclips, toneladas de *merchandising*… Y culmina la era con un exitoso tour, para el que los swifties tendremos que vender el riñón de algún familiar para conseguir una entrada.

En el caso de *folklore*, todo fue distinto. Tras desvelar la portada del álbum sin previo aviso en sus redes, Taylor solo decía que el disco estaría disponible esa misma medianoche. Al parecer, una canción llamada **«cardigan»** se lanzaría al mismo tiempo como primer *single* y estaría acompañada de uno de los mejores videoclips de su carrera —dirigido por ella misma—, que contenía el **mensaje del álbum embotellado** en tan solo cuatro minutos, en los que veíamos que la música había sido su salvación —una vez más— durante el confinamiento. Para personificar este concepto, Taylor estaba encerrada en una cabaña de madera con un piano mágico, que le permitía escapar al exterior, y se abrazaba al instrumento para evitar hundirse en medio de un océano embravecido.

Es verdad que durante la pandemia fue de agradecer que otras cantantes convirtieran nuestra casa en una auténtica pista de baile, que crearan la música que todos necesitábamos para recordar aquellos momentos en las discotecas y el contacto humano que echábamos de menos, o para grabar algún que otro TikTok que nos mantenía distraídos en la monotonía del día a día. Sin embargo, dentro de esa oleada que marcaba la vuelta al sonido de los años ochenta, capitaneada por el increíble trabajo *Future Nostalgia*, de Dua Lipa, Taylor prefería hacer un ejercicio de «escapismo», como ella misma definió al hablar de *folklore* en el documental *folklore: the long pond studio sessions*. De esta manera, rechazó las tendencias musicales del momento para sumergirse de lleno en un ejercicio de narrativa, y vinculaba esta nueva era con un sonido más orgánico de lo que había hecho en mucho tiempo, y en el que su vida personal, que había marcado en gran medida las letras de sus trabajos anteriores, ahora quedaba relegada a un segundo plano para relatar historias ficticias con escenarios y personajes de los que nunca habíamos oído hablar, convirtiendo a Taylor en la narradora de cada una de ellas.

En *folklore* conocimos a Betty, James e Inés, tres jóvenes que se entrelazan a lo largo del álbum en un triángulo amoroso, y también a Rebekah Harkness, la aristócrata protagonista de «the last great american dynasty», canción que narra la vida de una mujer que no encaja en los moldes de la sociedad y en la que Taylor hace un guiño a sus raíces country, ya que en la conclusión de la canción presenta un giro inesperado y nos descubre que ella ha acabado comprando la casa en la que Rebekah vivía.

> *Esto último es quizá el elemento más mágico de este álbum: que la línea entre la ficción y la vida de Taylor se difumina más que en ningún otro disco, igual que sus canciones se difuminan constantemente con la vida de los swifties.*

Además de esto, Taylor también exponía desde la primera persona ideas y temas que de algún modo nos resultaban familiares y conectaban directamente con su ADN de cantautora, como la inocencia de una bonita amistad en «seven», las consecuencias de tener una infidelidad con una persona que termina arruinándote la vida («illicit affairs») o la furia de una mujer cansada de que le hagan luz de gas, como vemos en el piano contenido de «mad woman».

Porque como swiftie, y a pesar de que Taylor presentase el álbum únicamente como un ejercicio de escapismo de la realidad, es inevitable que a lo largo del disco reparemos en algunos momentos en los que vemos a una Taylor humana que saca a relucir su lado más vulnerable, como en la autobiográfica «mirrorball», un confesionario sobre su incesante miedo a decepcionar a los demás si da un paso en falso en su carrera; «my tears ricochet», en que se dirige específicamente a una persona que ahora escucha sus «nanas robadas», en referencia a todo lo ocurrido con los másteres de sus anteriores trabajos, o esa idea incierta con la que batalla en el hilo de pensamiento que recorre en «peace», donde se pregunta si su pareja querrá estar con ella y podrá aceptar que será difícil encontrar la paz en el día a día de su relación.

> Con todas estas capas, Taylor no solo construyó su propio refugio en folklore, sino que hizo que todos pudiéramos visitar cada una de esas historias y perdernos en el interior de aquellos bosques siempre que lo necesitáramos. Y creo que, como fan, una artista no podría darnos mayor regalo que hacernos sentir seguros escuchando su música.

El álbum se publicó en un momento raro, después del levantamiento del estado de alarma en gran parte del planeta, pero el mundo aún tenía que adaptarse a una «nueva realidad» en la que resultaba muy complicado conectar con los demás. Tras varios meses aislados, volver a «la nueva realidad» se convirtió en una experiencia, cuanto menos, confusa. Porque... ¿realmente nos apetecía volver a lo de antes?

¿A la rutina?

¿A la inmediatez?

¿Al frenesí que parecía una constante en el día a día de cualquier persona?

Al aceptar volver a aquella nueva realidad, teníamos que retomar algunas cosas que habíamos puesto en pausa durante la cuarentena. Pero si hay algo que el *fandom* de Taylor Swift ha asimilado es que no existe un momento de «pausa», pues siempre hay algo que está en funcionamiento, como un hilo invisible que nos lleva poco a poco hacia una nueva era. Tanto es así que muchos ni siquiera tuvimos tiempo de plantearnos ciertas preguntas tras la publicación de *folklore*. ¿Taylor saldrá de gira con esta era? ¿Cómo lo hará para darle protagonismo a *Lover*? ¿Será que tendremos un «folklover» tour cuando podamos volver a asistir a conciertos?

Lo pienso ahora y la verdad es que me hace un poco de gracia lo ilusos que fuimos. El 10 de diciembre de ese mismo 2020, es decir, tan solo cuatro meses después del lanzamiento del disco que volvía a colocar a Taylor como una de las claras favoritas a ganar por tercera vez el **Grammy a Álbum del Año** —cosa que acabó sucediendo, porque el mundo aún reparte justicia en algunas ocasiones—, nuestra «folclórica» de Pensilvania subía una fotografía a color rodeada de árboles, con una larga y perfecta trenza, dándonos la espalda y envuelta en un abrigo grueso.

No se trataba de una fotografía casual en el jardín de su casa, sino que nos estaba presentando sin ningún tipo de vergüenza o anticipación su noveno trabajo de estudio, al que bautizó como *evermore*. Recuerdo que casi me caí al suelo cuando leí que Taylor lo definía como la «hermana» de *folklore* y que, al igual que su antecesora, estaría disponible a partir de esa medianoche junto con su primer —y único— *single*: «willow». Dirigido también por la propia Taylor, en el videoclip retomaba el último fotograma de «cardigan» y profundizaba un poco más en el folclore que constituía este universo escapista que nos había presentado, donde la magia y la música se daban la mano para crear nuevas historias que, como mostraba al final del videoclip, esa vez nos acompañaban más allá de nuestras casas. En pocas palabras, apenas habíamos tenido tiempo de procesar el lanzamiento de su octavo álbum de estudio, pero el noveno ya estaba llamando a nuestra puerta.

Y es que, en realidad, en eso consiste ser swiftie: llegues cuando llegues, te das cuenta de que acabas de apuntarte a una carrera de fondo, y debes mantener la mente abierta a la posibilidad de que aparezca algo nuevo de forma inesperada.

Tras meditarlo con el paso del tiempo, creo que esto es algo intrínseco en la naturaleza de Taylor como artista prolífica que disfruta de su trabajo: a pesar de estar concentrada en un proyecto, siempre está dándole vueltas a una nueva idea en la que ponerse a trabajar después (o al mismo tiempo).

Sin embargo, me gustaría aprovechar la apresurada llegada de *evermore* a nuestras vidas para hablar de una sensación agridulce que parece haberse extendido en parte del *fandom* en los últimos años. Si bien lo normal sería sentirse feliz porque tu artista favorita te está dando más material para que disfrutes de él, es innegable que a veces cuesta lidiar con todo lo que rodea el universo de Taylor Swift: un nuevo *Easter egg* en una fotografía de Instagram, una lista interminable de teorías sobre su próximo lanzamiento, un nuevo set de *merchandising* a un precio desorbitado, un lote de remixes de un *single* que se ha quedado almacenado en tu librería de Spotify sin que lo reproduzcas ni una sola vez… Por citarla a ella misma en el documental *Miss Americana*: «*It just feels like it's more than music now at this point*».[15] Los swifties vemos a Taylor como una artista a la que admiramos, cuya música nos ha acompañado a lo largo de los años e incluso nos ha cambiado la vida, pero a veces se nos olvida que Taylor Swift también es una empresa, una con un gran equipo de marketing y comunicación cuyo objetivo principal es maximizar los beneficios y hacer crecer el imperio que ha acabado convirtiéndola en una persona billonaria que acumula cientos de récords, premios y reconocimientos a nivel mundial. Es normal que los fans tendamos a olvidarnos de esta parte menos artística, mágica y personal del negocio musical, pero en realidad es también imprescindible para sustentar a largo plazo la carrera de una artista que se ha convertido en un elemento clave de la cultura pop. Creo que es importante tenerlo en mente para no dejarse arrastrar por todo lo que ello conlleva: porque no fuiste ni eres menos swiftie por no comprarte las ocho ediciones de *folklore*, por no tener una camiseta oficial de *reputation* en el armario o por no poder recitar de memoria cada una de las nominaciones a los Video Music Awards que ha conseguido Taylor a lo largo de su carrera. Todas estas cosas son complementos, expansiones de su universo que lo enriquecen y lo hacen más complejo, pero que en verdad nacen como consecuencia de lo más importante: la música, la conexión emocional que

---

[15] «A estas alturas, parece que no trata solamente de la música».

has generado con ella y el hecho de poder crear recuerdos que se entrelazan con sus canciones. Si mantienes el foco en ello, llegarás al final del maratón disfrutando de todo el camino.

Como quizá hayas notado, este capítulo es el único de todo el libro en el que trato en profundidad dos álbumes, y es que, como esa hermana pequeña y despistada a la que le prestas tu abrigo cuando hace frío, resulta imposible hablar de *evermore* sin hablar de *folklore*, y viceversa. Al fin y al cabo, en *evermore* Taylor continuaba explorando un camino en el que había encontrado una nueva libertad creativa, que la había llevado a crear música como nunca antes junto con Jack y Aaron, quienes mantenían en equilibrio el sonido más etéreo que caracterizaba sus últimos discos con la vena más folk y alternativa que recorría las canciones de esta nueva era. Aquello hizo que Taylor quisiera seguir un rato más perdida en aquel imaginario donde se topaba con historias de asesinatos (**«no body, no crime»**), de amantes que juguetean con la idea de ser algo más que eso (**«ivy»**) y de mujeres que desean poner punto final a relaciones que simplemente toleran su amor en lugar de celebrarlo (**«tolerate it»**). Al final, este álbum desembocaba en un hilo de pensamiento con Bon Iver —a quien ya habíamos escuchado en *folklore*— en el que Taylor concluye que el dolor que puede acarrear un período oscuro no es para siempre (**«evermore»**). Y cuando llegamos a los límites de estos bosques nos hacíamos la siguiente pregunta: ¿estábamos dispuestos a salir de allí?

La publicación de *evermore* a finales de 2020 supuso, de algún modo, que tuviéramos que enfrentarnos a esa pregunta. El mundo había cambiado, y nosotros aún estábamos adaptándonos a ello. Durante esa época, tras comprobar que la productividad de Taylor parecía no tener límites, se rumoreó que existía un tercer volumen que completaría la trilogía de *folklore* y *evermore*, un supuesto disco titulado ***woodvale***, que nunca llegó. La leyenda surgió debido a que esta palabra aparecía escondida en una de las portadas alternativas de las ediciones físicas de *folklore*, pero resultó que era un error de impresión que la propia Taylor explicó en una entrevista. Si lo pensamos a día de hoy, en realidad —y por mucho que nos duela—, tiene sentido que este tercer álbum no existiera. Porque ya hemos dicho que el arte es un refugio a cuya puerta siempre puedes llamar si lo necesitas, pero, y más en el caso de una cantautora, el arte también se nutre de todas esas experiencias y detalles que vivimos en nuestro día a día, en los que a veces ni siquiera reparamos hasta que no pensamos específicamente en ellos. Teníamos que seguir adelante, y con *evermore* pusimos punto final a uno de los años más extraños de nuestra vida acompañados de una gran colección de historias y canciones, que, como el resto de sus discos, estarán ahí siempre que queramos para volver a caminar entre ellas.

Never be so kind
you forget to be
CLEVER,
never be so clever
you forget to be
KIND.

Capítulo 9
Midnights

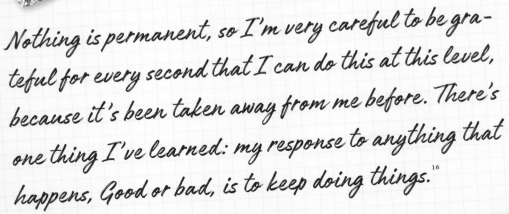

Nothing is permanent, so I'm very careful to be grateful for every second that I can do this at this level, because it's been taken away from me before. There's one thing I've learned: my response to anything that happens, Good or bad, is to keep doing things.[16]

Taylor Swift en «2023 Person of the Year», revista *Time*

[16] «No hay nada que sea permanente, así que intento dar las gracias por cada segundo en que puedo hacer esto a este nivel porque ya me lo arrebataron en una ocasión. He aprendido algo: mi respuesta ante cualquier acontecimiento, sea bueno o malo, es continuar haciendo cosas».

La noche nos vuelve más vulnerables. Hay algo en esas horas en las que el sol se ha escondido, llenas de silencio, que consigue que nuestros pensamientos afloren como libélulas diminutas y que centremos toda nuestra atención en ellos. Cuando ya no hay más distracciones y cerramos los ojos para irnos a dormir, pueden asaltarnos aquellas preocupaciones que consiguen mantenernos en vela durante más tiempo del que nos gustaría: una conversación sin resolver, **el rostro de una persona que hemos memorizado como la letra de nuestra canción favorita**…, incluso una decisión que debemos tomar y que podría cambiar el curso de nuestra vida para siempre.

Quedarnos a solas con nuestros sentimientos hace que, por ejemplo, coger el teléfono y enviar un mensaje del que quizá nos arrepintamos al día siguiente se vuelva más fácil que nunca. Porque escucharnos, apartar el miedo que nos impide hacer algo con lo que soñamos y que desearíamos hacer realidad, parece posible, incluso evidente, durante esas horas de oscuridad. Nos permitimos ser más sinceros con nosotros mismos, como si lográramos desprendernos de una coraza que cubriese nuestras inseguridades y nos ayudase a sobrellevar el día. Porque, en realidad, enfrentarnos a nosotros mismos es probablemente la **gran guerra** de la que debemos aprender a salir victoriosos. A lo largo de la vida tendremos que afrontar muchas de estas batallas.

Así es como convertimos la medianoche en un lugar que nos da la oportunidad de hacer retrospectiva, de recorrer de nuevo el camino que nos conduce a la persona que somos y de observar con detenimiento cada uno de esos pasos —no todos ellos sencillos— que hemos tenido que dar para llegar adonde estamos —y los que nos quedan aún por delante—.

Midnights es, al momento de teclear estas palabras, la última era de Taylor, sin contar con su proyecto de las regrabaciones. Llega después de dieciocho años de carrera dedicados en cuerpo y alma a la música, a la creación de canciones e historias que se originaron en el corazón del diario de una joven que tan solo pretendía ordenar sus sentimientos y proyectar sus deseos. Y que, **sin que nada de esto haya sido un accidente**, ha acabado convirtiéndose en una parte fundamental de la vida de millones de personas.

Muchos swifties pensábamos que, con su décimo álbum de estudio, Taylor tenía un gran reto por delante y que nos mostraría una nueva dirección o un nuevo sonido, que nos sorprendería después de haber abarcado un conjunto de géneros musicales y haber demostrado una evolución que muchos otros artistas de la industria no han conseguido «mantener» y mucho menos aprovechar para conquistar nuevo público con el paso de los años. Sin embargo, y a sabiendas de que a los swifties nos encanta jugar a eso de ser detectives hasta niveles insospechados, *Midnights* no resultó ser lo que intuíamos en un primer momento —¿alguien más por aquí está deseando escuchar un álbum puramente rock por parte de miss Americana?— con esa misteriosa portada, en la que Taylor miraba directamente la llama de un mechero, dispuesta a prenderle fuego a todo. Tras anunciarlo por sorpresa en los **Video Music Awards de 2022** —recordemos que entonces los swifties aún estábamos a la espera de si salía de gira con *Lover*, *folklore* y *evermore*—, Taylor lo presentaba en sus redes y nos describía este trabajo como «trece noches que la habían mantenido en vela a lo largo de su vida». Y lo que pensábamos que podría dar forma al disco —algunos pasajes de su vida que todavía desconocíamos y que podríamos ubicar en distintos momentos de su carrera al escuchar el álbum— resultó ir un paso más allá, y nuestra rubia favorita nos demostró, a través de las trece canciones que componían la versión estándar, que adoptaba una mirada introspectiva para tratar de diseccionarse a sí misma como artista y contestar una pregunta que quizá otros ya dan por sentado en sus carreras: ¿cómo lo había conseguido? ¿Cómo demonios, a lo largo de dieciséis años, nos había conquistado el corazón?

Si alguien le hubiese dicho a la Taylor de los inicios de su carrera que un día rompería récords en la industria musical con tan solo pestañear, no se lo hubiese

creído. A la chica que conocimos por aquel entonces aún le quedaba mucho por aprender tras el viaje en el que se embarcaría con su álbum debut; una chica con las inseguridades propias de los diecisiete años, que nunca fue muy popular en el colegio, que desconocía los desafíos que tendría por delante como mujer y como compositora en la música, y cuya percepción del amor —el pilar central que sería el buque insignia de su discografía— reflejaba una visión todavía un tanto ingenua, construida sobre los imaginarios de las historias de amor más clásicas que nutren la cultura popular, los romances que ella misma deseaba vivir como si fuese la protagonista de un cuento de hadas.

> Y, como fan, si hay algo más que gratificante en haberla acompañado a lo largo de los años, a lo largo también de esas experiencias personales que han quedado reflejadas en su música, es haber presenciado esa transformación y madurez que ha ocurrido de manera gradual y que culmina en Midnights.

Así lo vemos cuando abre el álbum con una canción como **«Lavender Haze»**, donde escuchamos la voz de una mujer que es del todo consciente de las expectativas que los demás vuelcan en ella de modo continuo —ya no como artista, sino como mujer— y vemos que ha aprendido a aislar esas voces desconocidas que siempre han tratado de estropear sus relaciones y ahora quiere disfrutar plenamente de sus relaciones privadas. Tenemos delante a una Taylor que sabe mirar por sí misma y su futuro en lugar de complacer a los demás (**«Midnight Rain»**), que marca todas las líneas rojas que considera necesarias y que ya no se mantiene callada —como le obligaron a hacer durante un largo tiempo— cuando alguien trata de sabotear el imperio que ha ido construyendo con sudor y lágrimas (**«Vigilante Shit»**, donde fantasea con arruinarle la vida a Scooter Braun quitándole todo lo que más quiere, de la misma forma que él le quitó la posibilidad de ser la dueña de su propio trabajo). Una Taylor que, **ante un hombre que «tolera» su amor en lugar de celebrarlo**, prefiere salir a divertirse y celebrarse a sí misma, como de-

muestra en «Bejeweled». Una mujer que cree en la causa y efecto, en la ley del «Karma» y que camina tranquila con las decisiones que ha tomado porque sabe que la gente termina cayendo por su propio peso de una u otra manera.

Sin embargo, en este álbum Taylor tampoco intenta retratarse de forma perfecta, como ese sueño de ser miss Americana que la acompañó durante tantos años en su carrera, pues es consciente de que si se muestra vulnerable, si ahonda en sus propios complejos y acerca sus miedos más personales a sus fans, consigue hacer de «Anti-Hero», la carta de presentación de *Midnights*, todo un himno en el que los swifties también vemos reflejados nuestros propios fantasmas. Porque Taylor sabe —lo ha sabido en todos sus discos, pero ahora más que nunca— la importancia que tiene mostrar su faceta más humana ante sus fans, quienes seguimos percibiéndola como a una amiga cercana a pesar de que, en un fenómeno tan natural como extraño al mismo tiempo, la distancia entre nosotros y ella sea cada vez mayor a medida que su fama continúa ascendiendo vertiginosamente.

Y, como hemos comprobado en el resto de sus eras, sabemos que en un disco de Taylor siempre hay tiempo para hablar de amor y de la fascinación que continúa despertándole como compositora tras casi dos décadas escribiendo sobre este tema: su anticipadísima colaboración con Lana del Rey en «Snow on the Beach» es cierto que dividió al *fandom* desde su lanzamiento —aún no entiendo por qué, es simplemente perfecta—, pero también es la prueba más evidente de que sabe capturar el misterio de cuando te enamoras de alguien. Una sensación embriagadora que ella no duda en abrazar con todas sus consecuencias. En esta canción, además, comparte espacio con otra mujer que ha definido no solo parte del sonido de Taylor desde *1989* —pues Jack Antonoff, colaborador habitual de Taylor, también es un colaborador fundamental en los álbumes de Lana—, sino el de la música pop de la última década. Con Taylor recorremos un laberinto en el que, tras un desengaño amoroso, la cantautora parece que quiere perderse y continuar explorando sus matices en lugar de tratar de encontrar la salida («Labyrinth»); en «Question…?» acepta que, a pesar de que pasen los años, de vez en cuando puede permitirse preguntarse por aquella relación que le marcó para siempre y que ahora, cuando mira atrás con perspectiva, sabe que quedó mejor en forma de recuerdo; y en

«**Sweet Nothing**», después de preguntarse de todas las maneras posibles cómo es el amor de verdad, concluye que se parece bastante a llegar a casa tras un largo día y que tu pareja esté esperándote allí sin pedirte nada a cambio, en el mejor lugar donde puedes ser tú mismo.

Aunque suene un poco protagonista, en el corazón de toda esta historia sabe que estamos nosotros. Y para volver a atacarnos personalmente y convertirnos en un mar de lágrimas cada vez que escuchamos el puente, es un poco como si cerráramos un círculo en el «track 5» de este disco, «**You're on Your Own, Kid**». Cuando eres fan de un cantante, tiendes a volcarte en su vida porque es alguien a quien has dibujado en tu mente a través de pantallas, de entrevistas y fotografías, de sus opiniones en las redes sociales y, por supuesto, en los miles de horas que consumes de su música, donde reside la razón principal por la que comienzas a construir una relación con el artista. Todos estos pedazos de información que conectamos en nuestra mente, sumados al tiempo que les dedicamos en nuestro día a día, hacen que nos creamos que sin la ayuda de nuestros ídolos no habríamos superado algunos momentos de la vida en los que, para nosotros, esta persona ha sido una pieza fundamental y ha estado presente a través de su arte.

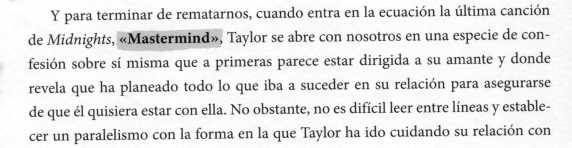

Sin embargo, en «You're on Your Own, Kid» Taylor se escribe una carta a sí misma donde nos hace ver de la mejor manera posible que, en realidad, siempre hemos estado solos y, al mismo tiempo, que somos el único instinto al que debemos escuchar mientras crecemos.

Y para terminar de rematarnos, cuando entra en la ecuación la última canción de *Midnights*, «**Mastermind**», Taylor se abre con nosotros en una especie de confesión sobre sí misma que a primeras parece estar dirigida a su amante y donde revela que ha planeado todo lo que iba a suceder en su relación para asegurarse de que él quisiera estar con ella. No obstante, no es difícil leer entre líneas y establecer un paralelismo con la forma en la que Taylor ha ido cuidando su relación con

los swifties, escondiendo pistas para que las fuéramos descubriendo con ella y nos sintiéramos partícipes de sus lanzamientos, como los mensajes secretos que incluía en los libretos de sus álbumes, al invitar en secreto a sus fans a escuchar el álbum en primicia en su casa o al repartir brazaletes en los conciertos para que algunos fans pudieran visitarla en el *backstage* sin ningún coste. Todo con tal de que no la abandonemos, porque, como afirma en los últimos minutos del álbum, al borde del llanto, «nadie quería jugar conmigo cuando era pequeña y por eso desde entonces lo he planeado todo como si fuese un criminal, para que los demás me quieran y hacer que parezca sencillo». Esta frase no solo nos muestra a la Taylor de ahora, sino que, de alguna manera, es como si hiciera las paces con ella misma para mirar a su alrededor y ver que aún le quedan muchas historias más por contar. Y es que, llegados a este punto…, ¿hay señales que nos indiquen lo contrario?

La respuesta es el **The Eras Tour**, un hito sin precedentes que ha cambiado hasta la forma de comprar entradas: ha hecho que adquirir una entrada para un espectáculo a un precio desorbitado se convierta en unos juegos del hambre en los que todo el mundo está dispuesto a participar, sobre todo en Estados Unidos.

> Lo que hasta el momento consistía en esperar pacientemente al día de la venta y cruzar los dedos mientras hacías una cola virtual para que no se agotasen las entradas, con el The Eras Tour se convertía en un procedimiento nunca visto.

Debido a la afluencia de personas que se esperaba, que colapsarían los servidores de las plataformas de ventas, tras anunciar las fechas lo primero que había que hacer era inscribirse en la ciudad o ciudades a las que querías asistir y después esperar a ver si tenías la suerte de ser uno de los escogidos, aleatoriamente, para recibir un código. ¿Qué hacía ese código? Básicamente te permitía entrar en la plataforma el día de la venta, y, aun así, nadie te garantizaba que fueras a conseguir una entrada, pues una sola persona podía comprar hasta cuatro en su turno. Se había planificado para evitar una reventa masiva de entradas, pero acabó convirtiéndose en miles de personas —que, sin duda, tienen un sitio guardado en el infierno— vendiendo esos códigos.

Eso hizo que Ticketmaster —que hoy en día tiene prácticamente un monopolio en el sector de la venta de entradas para espectáculos tras fusionarse con la promotora Live Nation en 2018, que a su vez tiene exclusividad para celebrar espectáculos musicales en los recintos importantes del mundo— tuviera que disculparse públicamente con Taylor y los swifties por el caos que supuso esta experiencia, e incluso llegó a ser tema de debate en una audiencia en el Senado de Estados Unidos. Sin embargo, ya hay otros artistas que han tenido que adoptar este tramposo modelo de venta para sus espectáculos. Es algo que, personalmente, considero una barrera de la industria que hace que cada vez sea más complicado escuchar nuestras canciones favoritas en directo, y solo está pensado para explotar el negocio de la música hasta límites insostenibles. Todo esto convierte un concierto en un bien de lujo, sin tener en cuenta a quienes en realidad lo sustentamos con nuestro tiempo y esfuerzos económicos: **los fans de estos artistas**.

En los años 2000 era muy común ver que grandes artistas trataban de dar un impulso a su carrera musical, quizá tras un bache en el camino, con un álbum recopilatorio de sus grandes éxitos —pero las *playlists* y el modelo actual de consumo de música a través de servicios de *streaming* han hecho que este tipo de lanzamientos pierdan en gran parte el sentido. Por ello, creo que el **The Eras Tour,** la gira más recaudadora y exitosa de toda la historia de la música, que se dice pronto, se ha convertido en lo más parecido a un *greatest hits* de Taylor Swift que podremos experimentar en mucho tiempo. Hablamos de un *setlist* de más de tres horas donde Taylor repasa todo su legado y nos demuestra, una vez más, que es una de las artistas más entregadas a su público que hayamos conocido. Pero no solo eso: es el evento del siglo al que cualquier swiftie le gustaría asistir, un punto de encuentro entre miles de personas que finalmente pueden corear el puente de «Cruel Summer» a viva voz, que se emocionan al recordar el momento en el que escucharon cada una de esas canciones por primera vez, donde desconocidos de todas las partes del mundo se intercambian pulseras de la amistad sin saber quiénes son ni haberse visto antes en persona. No hace falta, Taylor ya se ha encargado de eso: de hacer que cada una de esas experiencias individuales se entrelacen en este tour para dar vida a una sola y compartida. Todos los instantes que se pueden vivir allí, la razón por la que nadie quiere perderse esta gira, reafirma lo que resulta evidente: que la influencia de Taylor sobre nosotros es más grande de lo que nadie se hubiera podido imaginar jamás, que su música es importante y puede hablarle a todo el mundo de manera universal si le dan una oportunidad, y que en esta experiencia colectiva todos somos bienvenidos, sin importar quiénes seamos.

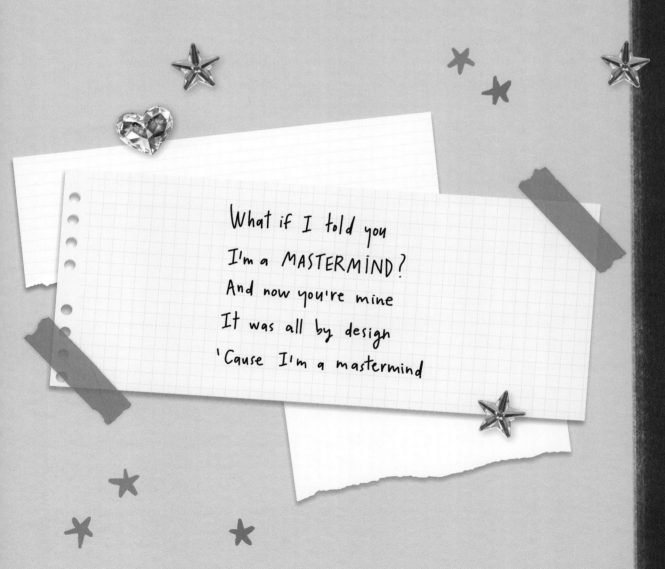

What if I told you
I'm a MASTERMIND?
And now you're mine
It was all by design
'Cause I'm a mastermind

EPÍLOGO

En diciembre de 2023, con cerca de 110 millones de oyentes mensuales en Spotify, Taylor escalaba una última posición hasta colocarse en la cima de una montaña que llevaba ascendiendo desde 2015, y así llegó a convertirse en la artista del año más escuchada en Spotify a nivel global. Ese logro, que habría sido un momento más de celebración para cualquier otra estrella de la música, en el caso de Taylor fue un poco como plantar la bandera en la luna; era esa meta que tenía pendiente de alcanzar desde el inicio de su fluctuosa relación con los servicios de *streaming*. Pero ahí estaba ella, una vez más, coronando el que probablemente había sido el mejor año de su carrera hasta la fecha desde lo más alto de un castillo que se sostenía más fuerte que nunca, sin grietas que asomasen.

> Con algunas regrabaciones más a la vuelta de la esquina, un nuevo álbum que ya está en camino para «torturarnos» emocionalmente y su creciente interés en seguir curtiéndose como directora audiovisual, es inevitable que un swiftie se pregunte... ¿qué más queda por conquistar?

En el documental **Miss Americana**, Taylor reflexionaba sobre cómo se sentía al acercarse a la treintena como mujer en la industria de la música. Decía que, a diferencia de los hombres, a las artistas femeninas se les exige reinventarse constantemente, explorar nuevas facetas de sí mismas que les permitan seguir brillando durante unos años más para mantener al público entretenido, en un equilibrio que nadie sabe medir bien para no quedarse corto ni tampoco excederse, y donde lo arriesgan todo con cada nueva maniobra. Sin embargo, en ese momento previo al lanzamiento de *Lover*, Taylor pensaba que ese disco sería una de sus últimas oportunidades para conseguir el nivel de éxito que se esperaba de una artista de sus

características. Cuatro años y tres álbumes de estudio más tarde, *Midnights* y el **The Eras Tour** nos demostraron todo lo contrario.

¿Qué más se puede esperar de una artista cuando, *a priori*, parece que nos ha dado todo lo que podíamos pedirle? Mensajes secretos para comunicarse con sus fans, canciones que se convierten en tatuajes para toda la vida, giras que agotan las entradas a la velocidad de la luz a pesar de las dificultades para adquirirlas, videoclips que parecen películas de alto presupuesto, *Easter eggs* con los que mantenernos expectantes hasta la llegada de un nuevo proyecto, música original compuesta para bandas sonoras, papeles en algunas películas un tanto cuestionables —sí, hablo de todas, pero especialmente de *Cats*—… Simplemente, como decía Cady Heron, la protagonista de *Chicas malas* (Mark Waters y Tina Fey, 2004), «el límite no existe».

Hemos sido chicas sencillas de campo, personas contemplativas que han recorrido los lugares solitarios de su pequeña ciudad, y hemos mirado al mundo exterior preguntándonos: «¿Quién me dice a mí que no puedo lanzarme a cumplir mis sueños?».

Conseguimos atravesar el instituto, un lugar que considerábamos determinante para nuestro futuro y del que hemos aprendido que no todo lo que nos ocurra allí nos definirá para siempre. Que haremos cosas más importantes, a nuestro ritmo, y nos daremos cuenta de que, afortunadamente, la vida es mucho más que lo que creíamos cuanto teníamos quince años.

Hemos tenido el corazón atrapado en un cuento de hadas, fascinados con la idea de un romance perfecto y mágico, y nos ha obligado a atrevernos a decir todo lo que pensamos en el momento adecuado para que no nos arrepintamos cuando sea demasiado tarde.

Nos han roto el corazón sin piedad alguna. Hemos llorado como si no hubiera mañana por una persona —o por unas cuantas— con la que creíamos que estábamos descubriendo lo que era el amor de verdad, y hemos acabado siendo expertos en detectar banderas rojas y en sanar heridas para que, cuando nos sintamos preparados, podamos volver a darle una oportunidad a este juego.

Cuando pensábamos que ya lo sabíamos todo sobre nosotros mismos, decidimos buscar una nueva versión y celebrarnos por todo lo alto. Nos arriesgamos y le demostramos al mundo que no debía subestimarnos y que siempre tenemos un as guardado bajo la manga y nuestra propia letra escarlata bordada con orgullo.

Tras disfrutar de la fiesta y de las luces más brillantes, nos hemos topado con ciertas personas que no son de fiar y que sabemos que a veces intentarán hacernos caer. Sin embargo, no solo hemos regresado de la tumba en la que trataron de enterrarnos, sino que también hemos comprendido que la única opinión a la que deberíamos atender es la de las personas que se preocupan por nosotros y nos hacen sentir como en casa.

¡Nos hemos enamorado! Con mariposas en el estómago incluidas, por cursi que suene —¿no llevábamos persiguiéndolas toda la vida?—. Nos han demostrado que el amor no duele ni consiste en llevar el rostro de tu pareja en un guardapelo invisible, sino que arroja luz dorada sobre los días más oscuros y sabe aportarte paz cuando la necesitas.

También hemos pasado por períodos en los que nuestra imaginación ha sido el único lugar en el que hemos podido refugiarnos, como la sombra de un sauce doblegado por el viento, y en ese espacio seguro nos hemos inventado historias llenas de hilos invisibles, triángulos amorosos o herederas adelantadas a su tiempo.

Y finalmente aquí estamos, echando la vista atrás para poder seguir adelante. Dándonos un momento para observar todo el camino que hemos recorrido y el tiempo que nos ha llevado. Reconociendo el mérito, las idas y venidas que nos han acompañado en cada tramo y que continuarán con nosotros mientras tratamos de alcanzar lo siguiente que nos propongamos.

Siempre digo —y seguro que no es la primera vez que se lo escucháis a alguien— que doy las gracias al universo por haber nacido en la misma línea temporal que Taylor, pues me he sentido acompañado cuando atravesaba momentos que ella ya había retratado en sus canciones, ya que no ha sido difícil encontrar un paralelismo en su música. Es lo que, al fin y al cabo, cualquier fan les pide a sus artistas favoritos: que con su música creen universos llenos de esos colores brillantes que a veces echamos de menos en la vida real, y no cabe duda de que Taylor es una artista que ha sabido escuchar lo que queríamos desde el principio.

En cada uno de sus mundos hemos podido encontrar al menos una cosa que nos hemos llevado al nuestro propio y que nos ha mantenido conectados con el *fandom*. Y si alguien piensa que Taylor no tiene más rincones a los que llegar, más historias por escribir en las que podamos descubrir un resquicio de magia en lo más cotidiano, quizá sea buen momento de regalarle este libro a esa persona. Sin duda, seguirán surgiendo nuevas metas en su carrera de las que seremos testigos, nuevas canciones que tendrán el potencial de convertirse en una nueva favorita, y nada me hace más ilusión que saber que las descubriremos juntos algún día.

Porque si eres swiftie, es probable que cada día suceda algo que te haga pensar en una letra de Taylor, que sabrás recitar de memoria como los creyentes rezan sus plegarias. Cuando escuches una melodía suya, te resultará imposible no tararearla. Y siempre que vayamos a un lugar en este mundo donde nos sintamos solos, debemos saber que, en realidad, siempre podremos encontrar a alguien que tenga una vida mucho más parecida a la nuestra de lo que creíamos en un primer momento.

Y, en ese punto de inflexión, siempre habrá una canción que podrá enmarcar el momento, al que volveréis con el paso de los años como si estuvieseis allí, de nuevo, por primera vez.

Estas son algunas playlists confeccio-
nadas por mí, porque siempre es buen
momento para poner un poco de Taylor
en tu día a día (y también para descu-
brirle su música a los demás, claro) ☺

ESCUCHA EL AUDIOLIBRO

MARCOS BUENO   LAIA LÓPEZ

TAYLOR SWIFT
Un diario swiftie

SOPORTE DOCUMENTAL

- **Pág. 9**

Taylor Swift, discurso previo a cantar «Delicate» en el documental musical *Taylor Swift: Reputation Stadium Tour*, dirigido por Paul Dugdale, 2018, Taylor Swift Productions.

- **Pág. 16**

Taylor Swift, 6 de marzo de 2019, *Elle*, «30 Things I Learned Before Turning 30», Hearst: Nueva York.

- **Pág. 26**

Taylor Swift, 2023, prólogo del disco, *Speak Now (Taylor's Version)*, Republic Records.

- **Págs. 33 y 65**

Taylor Swift en *Miss Americana*, dirigido por Lana Wilson, 2020, Tremolo Productions.

- **Pág. 37**

Taylor Swift, discurso previo a cantar «All Too Well» en el Red Tour, 1 de junio de 2014, Tokio.

- **Pág. 46**

Taylor Swift, discurso en la ceremonia de graduación de la Universidad de Nueva York, 18 de mayo de 2022.

- **Pág. 61**

Taylor Swift, 2017, poema «Why She Disappeared», *reputation*, Big Machine Records.

- **Pág. 72**

Taylor Swift, 30 de octubre de 2019, *The Zane Lowe Show*, Apple Music.

- **Pág. 85**

Taylor Swift en el documental musical *folklore: the long pond studio sessions*, dirigido por Taylor Swift, 2020, Taylor Swift Productions y Big Branch Productions.

- **Pág. 98**

Sam Lansky, 6 de diciembre de 2023, *Time*, «Person of the Year 2023: Taylor Swift», WarnerMedia, Nueva York.

- **Pág. 111**

Cady Heron en *Chicas malas*, dirigido por Mark Waters, 2004, Broadway Video.

TIMELINE

13 de diciembre de 1989
Taylor Allison Swift nace en Pensilvania (Estados Unidos)

2001
Taylor aprende a tocar la guitarra y compone su primera canción: «Lucky You»

2004
Taylor toca en el Bluebird Café y conoce a Scott Borchetta

2005
Taylor firma un contrato de trece años con Big Machine Records

19 de junio de 2006
Se publica su primer *single*, «Tim McGraw»

24 de octubre de 2006
Se publica su primer álbum, *Taylor Swift*

12 de septiembre de 2008
Se publica «Love Story» como primer *single* de su nuevo álbum

11 de noviembre de 2008
Se publica el álbum *Fearless*

23 de abril de 2009
Taylor se embarca en su primera gira: The Fearless Tour (y empieza a componer *Speak Now*)

13 de septiembre de 2009
Taylor gana su primer Video Music Award con «You Belong With Me» (y comienza su *beef* público con Kanye West después de que la interrumpa en el escenario)

31 de enero de 2010
Taylor gana el Grammy a Álbum del Año con *Fearless* (¡y tres galardones más!)

4 de agosto de 2010
Se publica «Mine» como primer adelanto de su nuevo álbum

25 de octubre de 2010
Se publica *Speak Now*

9 de febrero de 2011
Taylor se va de gira con el Speak Now World Tour

13 de agosto de 2012
Se publica «We Are Never Ever Getting Back Together» como primer *single* de su nuevo álbum

22 de octubre de 2012
Se publica *Red*

13 de marzo de 2013
Taylor se va de gira con The Red Tour

26 de enero de 2014
Red pierde el Grammy a Álbum del Año frente a Daft Punk (y Taylor tiene un sueño revelador sobre su próximo disco)

Agosto de 2014
Taylor hace un *streaming* con Yahoo y ABC News donde anuncia *1989* y estrena el videoclip de «Shake It Off»

8 de septiembre de 2014
Se hace «público» el *beef* con Katy Perry en el artículo «The Reinvention of Taylor Swift», de la revista *Rolling Stone*

27 de octubre de 2014
Se publica el álbum *1989*

Noviembre de 2014
Taylor retira todo su catálogo de Spotify y de otras plataformas de *streaming*

8 de febrero de 2015
Taylor y Kanye son fotografiados juntos en la gala de los Grammy y parece que el *beef* entre ambos ha quedado enterrado

5 de mayo de 2015
Taylor se va de gira con The 1989 Tour y parece que domina el mundo

Junio de 2015
Taylor publica la carta abierta a Apple Music y, una semana después, cuelga su discografía completa en esta plataforma

9 de febrero de 2016
«Famous», de Kanye West, debuta en el *Yeezy Show* y la gente reacciona ante su polémico verso sobre Taylor

15 de febrero de 2016
1989 gana el Grammy a Álbum del Año y Taylor responde a Kanye West en su discurso de agradecimiento, lo cual reaviva su *beef*

16 de julio de 2016
Día Mundial de la Serpiente

17 de julio de 2016
Kim Kardashian filtra a través de Snapchat la conversación manipulada entre Taylor y Kanye sobre la canción «Famous», y luego Taylor tuitea «*I would very much like to be excluded from this narrative…*» y comienza su crisis de reputación

Durante esta época, difícil de datar, Taylor desaparece del ojo público durante un año

Junio de 2017
La discografía completa de Taylor vuelve a publicarse en Spotify

18 de agosto de 2017
Taylor borra todas sus publicaciones y se desvanece de las redes sociales

21 de agosto de 2017
Taylor publica una primera imagen de una serpiente, anticipando un nuevo lanzamiento

24 de agosto de 2017
Se publica «Look What You Made Me Do» como primer *single* de *reputation* y podemos decir oficialmente que la antigua Taylor ha muerto

7 de noviembre de 2017
Taylor publica un vídeo de las *secret sessions* escuchando el álbum en exclusiva junto con sus fans

10 de noviembre de 2017
Se publica *reputation*

8 de mayo de 2018
Taylor comienza el Reputation Stadium Tour y vuelve a dominar el mundo como la reina que es

19 de noviembre de 2018
Taylor anuncia que deja Big Machine Records y se une a Universal Music

25 de abril de 2019
Aparece un mural de una mariposa gigante en Nashville, que más tarde Taylor publica en sus historias de Instagram junto con una cuenta atrás

26 de abril de 2019
Se estrena el videoclip de «ME!», el primer *single* de *Lover*

17 de junio de 2019
Se estrena el videoclip de «You Need To Calm Down» y volvemos a ver juntas a Katy Perry y Taylor Swift tras el *beef*

22 de agosto de 2019
Taylor anuncia en *Good Morning America* que regrabará sus discos anteriores y le declara la guerra a Scooter Braun

23 de agosto de 2019
Taylor lanza el álbum *Lover*

17 de septiembre de 2019
Taylor anuncia las primeras fechas del *Lover Fest*

31 de enero de 2020
Se estrena el documental *Miss Americana*

27 de abril de 2020
Taylor sube la histórica fotografía de «*Not a lot going on at the moment*»

23 de julio de 2020
Taylor anuncia por sorpresa su nuevo álbum *folklore*

24 de julio de 2020
Se publica *folklore*, con «cardigan» como primer *single* del álbum

25 de noviembre de 2020
Se estrena el documental *folklore: the long pond studio sessions*

10 de diciembre de 2020
Taylor anuncia por sorpresa su nuevo álbum *evermore*

11 de diciembre 2020
Se publica *evermore*, con «willow» como primer *single* del álbum

Febrero de 2021
Se cancela *Lover Fest* oficialmente (y nuestros sueños se hacen pedazos)

29 de agosto de 2022
Taylor anuncia *Midnights*, su décimo álbum de estudio

21 de octubre de 2022
Se publica *Midnights*

1 de noviembre de 2022
Taylor anuncia en *Good Morning America* que hará una nueva gira mundial

17 de marzo de 2023
Comienza el The Eras Tour

AGRADECIMIENTOS

Marcos

Mi cuarto libro, y sin duda uno de los más especiales que escribiré a lo largo de mi vida.

Gracias a todas las personas que han estado involucradas en este proyecto. A mi agente, Jordi, y a todo el equipo de IMC; a mi editora, Sara; a Laia, por confiar en mi texto y llenarlo de magia con las ilustraciones más increíbles que hubiera podido imaginar. A Ariadna, Alícia, Iria y todo el equipo de Penguin Random House Grupo Editorial. También a todas las bellas editoriales que han apostado por traducirlo, y a los lectores y lectoras de esos países que me habéis dado esta oportunidad. «*One day, we will be remembered*».

A mi familia, por no perderse nunca ninguno de mis pasos y ayudarme en todos ellos. «*I know I had the best day with you*».

A Elías, por la paciencia. Y también por cantar conmigo esas letras que forman parte de mí. «*Wherever you stray, I follow*».

A mis amigos, a las personas que se alegran de que siga cumpliendo mis sueños y me dejan compartirlos con ellos. «*And I'm only me when I'm with you*».

Por supuesto, a todos los que habéis apoyado ***El Podcast de Taylor Swift*** a lo largo de los años, un proyecto que comenzó como una idea fugaz, una distracción durante la pandemia, y que me ha traído tantísimas alegrías. Sin vosotros, este sueño nunca se habría hecho realidad. Os estaré agradecido para siempre. «*Baby, we're the new romantics!*».

Y a ti, que has llegado hasta esta página. Seas quien seas, estoy seguro de que alguna canción de Taylor nos conecta en cierta manera. «*Isn't it just so pretty to think...?*».

Laia

Primero de todo, quiero empezar dándole las gracias a Ariadna por pensar en mí para este pedazo de proyecto, por pelear por las cosas justas, por ser la mejor *hype woman* con cada boceto que le mandaba y por ser un ser de luz. No hay mejor persona que ella para estar detrás del diseño de este libro. ¡Que vivan las enjoyadas!

Segundo, agradecerle al destino que nos haya puesto a Marcos y a mí juntos en este proyecto. No nos conocíamos antes y me he encontrado con que Marcos es una persona maravillosa, con muchísimo talento y una mente brillante. Encima estamos en la misma onda de «fangirleo» para todo lo que sea Taylor, ¡no puedo estar más agradecida de haber formado parte de este proyecto tan maravilloso contigo! A mis chicas del The Eras Tour, infinitas gracias por apoyarme siempre y ser mis mejores *hype women*. Nuestras lágrimas sí que van a saltar el día 30.

Y, por último, quiero darte las gracias a ti, que estás leyendo estos agradecimientos. Si no fuera por ti, no habría tenido la oportunidad de ilustrar cada una de las eras de Taylor (lo que sigue pareciéndome un sueño). Gracias por apoyar mi trabajo y, en consecuencia, permitirme disfrutar y trabajar ilustrando las cosas que más me gustan.

«I said remember this moment, in the back of my mind».